„Falsche Zwillinge" im Chinesischen

„Falsche Zwillinge“ im Chinesischen

Scheinsynonyme bei Verben und Adjektiven

Mit Übungen

Yueh-Ping Yu 尤月平

REICHERT VERLAG WIESBADEN 2016

Bibliografische Information der Deutschen Nationalbibliothek
Die Deutsche Nationalbibliothek verzeichnet diese Publikation
in der Deutschen Nationalbibliografie; detaillierte bibliografische Daten
sind im Internet über http://dnb.dnb.de abrufbar.

ISBN: 978-3-95490-178-4
www.reichert-verlag.de

Printed in Germany

Inhalt 目录

Vorwort 前言

Die Idee, dieses Buch herauszubringen, verdanke ich den äußerst inspirierenden Fehlern meiner Kursteilnehmer bei der Wortwahl, welche die Tätigkeit als Sprachdozent und Linguist so spannend machen. Unterstützt wurden und werden ihre Fehler von Wörterbüchern, die sich leider nicht differenziert genug mit der genaueren Bedeutung und Verwendung der Ausdrücke im Chinesischen auseinandersetzen. Dies kann bei kulturell maximal divergierenden Sprachen, wie es beim Deutschen und dem Chinesischen der Fall ist, der Gesprächsentwicklung oft einen ungewollten Verlauf geben.

Bei falscher Wortwahl kann der doch so gut gemeinte Vorschlag, jemanden in den Abendstunden nach Hause zu bringen, als Aufforderung zum Mitkommen verstanden werden und eventuell zu unbeabsichtigten Irritationen führen (die chinesischen Zeichen 帶 und 送 bedeuten zwar beide auch „bringen", doch nur das Zeichen 送 drückt das Heimbringen aus).

Es handelt sich also um Schein-Synonyme, die ich als „falsche Zwillinge" bezeichnen möchte – und davon gibt es im Chinesischen zahlreiche. Da dieser Aspekt bisher stark vernachlässigt wurde, liegt es mir sehr am Herzen, dass die Lernenden das Gefühl und Verständnis für die oft feinen Unterschiede des Sprachgebrauchs entwickeln.

An dieser Stelle möchte ich mich bei all denjenigen bedanken, die mich während der Anfertigung dieses Buches unterstützt haben. Als allererstes geht mein Dank an Frank Pevec, der mir mit viel Geduld bei der Korrektur der deutschen Texte und deren Übersetzungen etliche Anregungen gegeben hat. Mein ganz herzlicher Dank geht an Frau Dr. Sigrun Kotb vom Reichert-Verlag, die in der Endphase meine Arbeit sorgfältig mit Kommentaren lektoriert hat.

Weiterhin danke ich allen meinen Schülern für die herrlich anregenden Fehler, ohne die dieses Buch nie zustande gekommen wäre.

Yueh-Ping (Denise) Yu 尤月平

Einleitung 介绍

Das Buch **„Falsche Zwillinge" im Chinesischen** handelt von den sogenannten „Schein-Synonymen" (近义词 jìnyìcí) im Chinesischen, d. h. von Wörtern, deren Bedeutung ähnlich, jedoch nicht identisch ist. Aufgrund der konzeptionellen Unterschiede werden diese Begriffe in deutschen Wörterbüchern leider meist undifferenziert übersetzt. Ihre Unterschiede bleiben daher unbemerkt und Fehlselektionen im Sprachgebrauch sind an der Tagesordnung.

Diese Defizite bei der Berücksichtigung kulturimmanenter Unterschiede chinesischer Ausdrücke in den gängigen Lehr- und Wörterbüchern haben mich bewogen, das vorliegende Lehrbuch zu schreiben. Es soll die Lernenden in die Lage versetzen, sprachliche „Fettnäpfchen" zu vermeiden und ein profunderes Sprachverständnis zu erwerben.

Im vorliegenden ersten Teil der „Falschen Zwillinge" werden etwa 90 Verben und 70 Adjektive behandelt und deren Gemeinsamkeiten bzw. Unterschiede anschaulich in einem Kasten dargestellt. Zur Verdeutlichung dienen zahlreiche, in der alltäglichen Kommunikation verwendete Beispiele. Mit den am Ende jedes Kapitels beigefügten Übungen und Tests kann das Sprachverständnis anschließend überprüft und vertieft werden.

Ausgerichtet ist dieses Buch für Chinesisch-Lernende auf dem Sprachniveau HSK-A2 bis HSK-C1.

Verben
动词

1. äußern

表达	biǎodá	V. + V.	zum Ausdruck bringen, äußern
表示	biǎoshì	V. + V.	zeigen, ausdrücken, äußern

表达	• sprachlich
表示	• sprachlich oder nicht sprachlich

表达 und 表示 bedeuten beide *ausdrücken, äußern*. Wenn es sich um sprachliche Ausdrücke handelt (Bsp. a – e), wird immer 表达 verwendet.

Die Verwendung von 表示 impliziert, dass der Ausdruck auch mit nichtsprachlichen Mitteln erfolgen kann (Bsp. f – i).

a. 他是个不善言辞的人，所以表达能力不好。
Tā shì ge búshàn yáncí de rén, suǒyǐ biǎodá nénglì bù hǎo.
Er ist nicht sehr gesprächig, daher ist seine Ausdrucksfähigkeit nicht so gut.

b. 获知得奖时，小李激动的心情是无法用言语表达的。
Huòzhī déjiǎng shí, Xiǎo Lǐ jīdòng de xīnqíng shì wúfǎ yòng yányǔ biǎodá de.
Als er erfuhr, dass der Preis an ihn ging, brachte er vor Aufregung kein Wort heraus.

c. 她善于表达自己的思想和情感。
Tā shànyú biǎodá zìjǐ de sīxiǎng hé qínggǎn.
Sie kann ihre Gedanken und Gefühle geschickt zum Ausdruck bringen.

d. 语言是一种表达思想的工具。
Yǔyán shì yì zhǒng biǎodá sīxiǎng de gōngjù.
Sprache ist ein Werkzeug zum Ausdruck der Gedanken.

e. 王秘书还不能用英语表达自己的意思。
Wáng mìshū hái bù néng yòng yīngyǔ biǎodá zìjǐ de yìsi.
Sekretär Wang kann sich noch nicht auf Englisch äußern.

f. 家人对我的决定没有表示反对，令我感到意外。
Jiārén duì wǒ de juédìng méiyǒu biǎoshì fǎnduì, lìng wǒ gǎndào yìwài.
Dass meine Familie zu meiner Entscheidung keinen Widerspruch ausgedrückt hat, überrascht mich.

g. 他深深地一鞠躬<u>表示</u>歉意。
Tā shēnshēn de yì júgōng <u>biǎoshì</u> qiànyì.
Mit einer tiefen Verbeugung drückt er seine Entschuldigung aus.

h. 我们举杯向你们<u>表示</u>衷心的祝贺。
Wǒmen jǔbēi xiàng nǐmen <u>biǎoshì</u> zhōngxīn de zhùhè.
Wir heben die Gläser, um euch gegenüber unsere herzlichen Glückwünsche auszudrücken.

i. 她这么做想<u>表示</u>什么？
Tā zhème zuò, xiǎng <u>biǎoshì</u> shénme?
Was will sie mit ihrem Tun ausdrücken?

Übung:

1. 大家鼓掌 _____ 欢迎新同学。
Dàjiā gǔzhǎng _____ huānyíng xīn tóngxué.

2. 他戴着结婚戒指，_____ 他已经结婚了。
Tā dài zhē jiéhūn jièzhǐ, _____ tā yǐjīng jiéhūn le.

3. 朋友邀请我吃饭 _____ 他对我的感谢。
Péngyǒu yāoqǐng wǒ chīfàn _____ tā duì wǒ de gǎnxiè.

4. 那个小男孩还不能用言语 _____ 他要什么。
Nà ge xiǎo nánhái hái bù néng yòng yányǔ _____ tā yào shénme.

2. aufpassen

留意	liúyì	V. + Objekt	aufpassen, beachten, vorsichtig sein, sich in acht nehmen
注意	zhùyì	V. + Objekt	aufpassen, achten

留意	• unregelmäßig, ab und an • unterbrochen
注意	• kontinuierlich, dauernd

留意 und 注意 bedeuten beide *aufpassen*.

Unterschiede:
Sie unterscheiden sich durch die Frequenz bzw. zeitliche Intensivität des Aufpassens. Wird 注意 verwendet, handelt es sich um ein kontinuierliches Aufpassen (Bsp. d – g). Hingegen drückt man mit 留意 ein unregelmäßiges, unterbrochenes Aufpassen aus (Bsp. a – c). Für imperative Sätze wird 留意 daher nicht verwendet (vgl. g).

a. 你今天上街时，帮我<u>留意</u>一下合适我的衬衫！
Nǐ jīntiān shàngjiē shí, bāng wǒ <u>liúyì</u> yíxià héshì wǒ de chènshān!
Schau heute beim Einkaufsbummel mal, ob Du für mich ein passendes Hemd siehst.

b. 舞台下的观众没有<u>留意</u>到她的表演错误。
Wǔtái xià de guānzhòng méi <u>liúyì</u>dào tā de biǎoyǎn cuòwù.
Die Zuschauer vor der Bühne haben nicht bemerkt, dass sie bei der Aufführung Fehler gemacht hat.

c. 这个作品的完成需要非常专心，稍不<u>留意</u>就会出错。
Zhè ge zuòpǐn de wánchéng xūyào fēicháng zhuānxīn, shāo bù <u>liúyì</u> jiù huì chūcuò.
Die Fertigstellung dieses Werkes verlangt eine hohe Konzentration. Passt man nicht auf, kommt es sofort zu Fehlern.

d. 学生们都没有注意到老师已经进了教室了。

Xuéshēngmen dōu méiyǒu zhùyìdào lǎoshī yǐjīng jìnle jiāoshì le.

Die Schüler haben alle nicht bemerkt, dass der Lehrer schon in den Klassenraum eingetreten war.

e. 这个项目里有几个事项必须特别注意。

Zhè ge xiàngmù lǐ yǒu jǐ ge shìxiàng bìxū tèbié zhùyì.

In diesem Projekt gibt es einige Punkte, die man besonders beachten muss.

f. 谁都没注意到他什么时候离开了会场。

Shéi dōu méi zhùyìdào tā shénme shíhòu líkāile huìchǎng.

Niemand bemerkte, zu welcher Zeit er den Konferenzraum verließ.

g. 注意别摔倒！

Zhùyì bié shuāidǎo!

Achtung, fall nicht hin!

Übung:

1. 写作业时，应该 _____ 别写错字。

Xiě zuòyè shí, yīnggāi _____ bié xiěcuò zì.

2. 我会 _____ 一下你丢失的眼镜是不是在办公室。

Wǒ huì _____ yíxià nǐ duīshī de yǎnjìng shì bú shì zài bàngōngshì.

3. 谁也没 _____ 到你衣服穿反了。

Shéi yě méi _____ dào nǐ yīfú chuānfǎn le.

4. 门很窄，冰箱搬出去时 _____ 别撞到了。

Mén hěn zhǎi, bīngxiāng bān chūqù shí _____ bié zhuàngdào le.

3. sich aufregen

兴奋	xīngfèn	V. + V.	sich aufregen, erregt sein
着急	zháojí	V. + V.	sich aufregen, besorgt sein

兴奋	• bei positiven Ereignissen
着急	• bei negativen Ereignissen

兴奋 und 着急 bedeuten beide *sich aufregen*. Sie unterscheiden sich wesentlich dadurch, dass sich 兴奋 stets auf eine positive Erregung bezieht (Bsp. a – c), hingegen wird 着急 im Zusammenhang mit negativen Geschehnissen verwendet, die Personen nervös machen oder beunruhigen (Bsp. d – g).

a. 学生们明天去郊游，不上课，所以大家今天都非常兴奋。
Xuéshēngmen míngtiān qù jiāoyóu, bú shàngkè, suǒyǐ dàjiā jīntiān dōu fēicháng xīngfèn.
Die Schüler machen morgen einen Ausflug und haben frei, deshalb sind sie heute alle sehr aufgekratzt.

b. 听到这个好消息，民众们兴奋得欢呼起来。
Tīngdào zhè ge hǎo xiāoxi, mínzhòngmen xīngfèn de huānhū qǐlái.
Als die Bevölkerung von dieser guten Nachricht erfuhr, schrie sie vor Aufregung auf.

c. 她看到喜欢的人向她走过来，兴奋得心噗嗵噗嗵地跳。
Tā kàndào xǐhuān de rén xiàng tā zǒuguòlái, xīngfèn de xīn pūtōng pūtōng de tiào.
Als sie den Menschen, den sie mag, auf sich zukommen sieht, schlug ihr aufgeregtes Herz sehr laut.

d. 孩子在人群中走失，妈妈着急得哭了。
Háizi zài rénqún zhōng zǒushī, māma zháojí de kū le.
Das Kind ging in der Menschenmasse verloren und die Mutter weinte vor lauter Aufregung.

e. 您先别着急！我们一定会想办法解决这个问题。
Nín xiān bié zháojí! Wǒmen yídìng huì xiǎng bànfǎ jiějué zhè ge wèntí.
Regen Sie sich nicht auf! Wir werden bestimmt eine Lösung für das Problem finden.

f. 客人就快到了！饭菜都还没做好，她十分着急。
Kèrén jiù kuài dào le! Fàncài dōu háiméi zuòhǎo, tā shífēn zháojí.
Die Gäste kommen bald! Das Essen ist noch gar nicht fertig zubereitet, deshalb ist sie sehr aufgeregt.

g. 试题答不出来，学生着急得满头大汗。
Shìtí dá bù chūlái, xuéshēng zháojí de mǎntóudàhàn.
Weil sie die Prüfungsaufgabe nicht lösen konnten, kamen die Schüler vor Aufregung stark ins Schwitzen.

Übung:

1. 奶奶 _____ 地拥抱着多年没见的孙子。
Nǎinai _____ de yǒngbàozhe duō nián méi jiàn de sūnzi.

2. 电梯突然停电了，里面的人 _____ 得大声喊叫。
Diàntī tūrán tíngdiàn le, lǐmiàn de rén _____ de dàshēng hǎnjiào.

3. 去上班的途中，地铁迟到了令王秘书十分 _____。
Qù shàngbān de túzhōng, dìtiě chídàole lìng Wáng mìshū shífēn _____.

4. 看你这么 _____，发生了什么好事了？
Kàn nǐ zhème _____, fāshēngle shénme hǎoshì le?

4. austauschen

交换	jiāohuàn	V. + V.	austauschen, tauschen, wechseln
交流	jiāoliú	V. + V.	austauschen, tauschen

交换	• physische Objekte, Menschen, Meinungen
交流	• Waren, Erfahrungen, Kultur, Wirtschaft, Wissen

交换 und 交流 bedeuten beide *tauschen, austauschen*. 交换 wird beim Austausch eines physischen Objekts z. B. eines Elektrogerätes, einer Person oder von Meinungen verwendet (Bsp. a – c).

Bei 交流 handelt es sich oft um einen kommunikativen Erfahrungaustausch wie er z. B. im Bereich der Kultur und Wirtschaft erfolgt (Bsp. d – f). Beim Austausch von Waren wird 交流 verwendet. 交流 kann auch als Substantiv dienen (Bsp. f).

a. 大家对今年公司的旅游计划交换了意见。
Dàjiā duì jīnnián gōngsī de lǚyóu jìhuà jiāohuànle yìjiàn.
Wir alle haben unsere Meinungen über die Reisepläne der Firma für dieses Jahr ausgetauscht.

b. 我们用电器用品与农民交换小麦。
Wǒmen yòng diànqì yòngpǐng yǔ nóngmín jiāohuàn xiǎomài.
Wir tauschen die Elektrogeräte beim Bauern gegen Weizen.

c. 这两所大学有交换学生的合作协定。
Zhè liǎng suǒ dàxué yǒu jiāohuàn xuéshēng de hézuò xiédìng.
Zwischen beiden Universitäten besteht ein Kooperationsabkommen über Studentenaustausch.

d. 在这次教学会议上老师们交流了教学经验。
Zài zhè cì jiāoxué huìyì shàng lǎoshīmen jiāoliúle jiāoxué jīngyàn.
Auf der Pädagogikkonferenz haben die Lehrer ihre didaktischen Erfahrungen ausgetauscht.

e. 中德两国的文化经济交流日益频繁。
Zhōngdé liǎngguó de wénhuà jīngjì jiāoliú rìyì pínfán.
Der kulturelle und wirtschaftliche Austausch zwischen China und Deutschland nimmt immer mehr zu.

f. 国际电影节提供电影人士交流。
Guójì diànyǐngjíe tígōng diànyǐng rénshì jiāoliú.
Internationale Filmfestspiele bieten den Leuten aus der Filmbranche die Möglichkeit, sich auszutauschen.

Übung:

1. 我可以跟您 _____ 一下名片吗？
Wǒ kěyǐ gēn nín _____ yíxià míngpiàn ma?

2. 德国大学和中国大学经常 _____ 合作。
Déguó dàxué hé Zhōngguó dàxué jīngcháng _____ hézuò.

3. 跟友朋聚会喝茶 _____ 生活经验，是一件很美好的事。
Gēn péngyǒu jùhuì hēchá _____ shénghuó jīngyàn, shì yí jiàn hěn měihǎo de shì.

4. 结婚时，新郎和新娘 _____ 戒指。
Jiéhūn shí, xīnláng hé xīnniáng _____ jièzhǐ.

5. besichtigen; bewundern

观赏	guānshǎng	V. + V.	beobachten und bewundern, zuschauen
欣赏	xīnshǎng	V. + V.	bewundern, etw. hoch schätzen

观赏	• physische Objekte	• oberflächlich
欣赏	• physische, abstrakte Objekte	• tief

观赏 und 欣赏 unterscheiden sich dadurch, dass 观赏 in der Regel für physische Objekte (wie z. B. Menschen, Gegenstände) verwendet wird (Bsp. a – d), hingegen kann 欣赏 auch für abstrakte Objekte wie z. B. Sachen, Ansichten oder Einstellungen gebraucht werden (Bsp. e – g).

观赏 wird bei visueller Wahrnehmung des Objektes betrachtet, hingegen kann das Objekt bei 欣赏 auch mit anderen Sinnen (Gehör, Geschmack) bewundert werden.

Weiterhin handelt es sich bei 观赏 um eine oberflächliche Betrachtung, hingegen ist 欣赏 eine tiefere Wahrnehmung, wobei es den Ausdruck der Anerkennung impliziert.

观赏	• optisch, von der Erscheinung her ansprechend bzw. wertneutral
欣赏	• generell positiv, bei intensiverer Wahrnehmung

a. 春天人们都到郊外<u>观赏</u>樱花。
Chūntiān rénmen dōu dào jiāowài <u>guānshǎng</u> yīnghuā.
In Frühling gehen alle Leute in die Vorstadt, um die Kirschblüte zu besichtigen.

b. 从这座高楼的顶楼可以<u>观赏</u>整座城市的夜景，美极了！
Cóng zhè zuò gāolóu kěyǐ <u>guānshǎng</u> zhěng zuò chéngshì de yèsè, měi jí le!
Vom Dach dieses Hochhauses kann man die nächtliche Stimmung der ganzen Stadt ansehen. Das ist wunderschön!

c. 这个博物馆收藏了很多的历史文物，值得观赏观赏。
Zhè ge bówùguǎn shōucángle hěnduō de lìshǐ wénwù, zhídé guānshǎng guānshǎng.
In diesem Museum wurden viele historische Relikte gesammelt, die es wert sind, besichtigt zu werden.

d. 这个电视节目每晚有几十万人观赏。
Zhè ge diànshì jiémù měiwǎn yǒu jǐshíwàn rén guānshǎng.
Diese Fernsehsendung schauen sich jeden Abend einige hunderttausend Leute an.

e. 假日很多人去大自然欣赏风景。
Jiàrì hěnduō rén qù dàzìrán xīnshǎng fēngjǐng.
An den Feiertagen fahren viele Leute in die Natur, um die Landschaft zu bewundern.

f. 我很欣赏这幅画的风格。
Wǒ hěn xīnshǎng zhè fú huà de fēnggé.
Ich bewundere den Stil dieses Gemäldes sehr.

g. 老板很欣赏他的工作能力。
Láobǎn hěn xīnshǎng tā de gōngzuò nénglì.
Der Chef bewundert seine Arbeitskompetenz sehr.

Übung:

1. 他似乎很 _____ 自己的小聪明。
Tā sìhū hěn _____ zìjǐ de xiǎo cōngmíng.

2. 他们全家人正在客厅 _____ 一部影片。
Tāmen quánjiārén zhèngzài kètīng _____ yí bù yǐngpiàn.

3. 园丁在花园里 _____ 那些刚开的花儿。
Yándīng zài huāyuán lǐ _____ nàxiē gāng kāi de huār.

4. 观众都专心地 _____ 着展览作品。
Guānzhòng dōu zhuānxīn de _____ zhe zhǎnlǎn zuòpǐn.

6. begleiten

陪	péi	V.	begleiten, betreuen, jmdm. Gesellschaft leisten
送	sòng	V.	begleiten, bringen

陪	• jmdm. Gesellschaft leisten
送	• bringen

陪 und 送 (+ Person) werden in bestimmten Fällen als *begleiten* übersetzt. Allerdings sind sie nicht identisch. Bei 陪 handelt es sich um ein Begleiten im Sinne von „Gesellschaft leisten" (Bsp. a – c), bei 送 im Sinne von „bringen" (Bsp. d – f).

a. 姐姐要我下午<u>陪</u>她去逛街。
Jiějie yào wǒ xiàwǔ <u>péi</u> tā qù guàngjiē.
Meine ältere Schwester will, dass ich sie nachmittags zum Shoppen begleite.

b. 姥姥病了，我得<u>陪</u>她上医院看病。
Lǎolao bìng le, wǒ děi <u>péi</u> tā shàng yīyuàn kànbìng.
Oma ist krank geworden. Ich muss sie zum Arzt ins Krankenhaus begleiten.

c. 刘太太每天都<u>陪</u>刚上小学的女儿做功课。
Liú tàitai měitiān dōu <u>péi</u> gāng shàng xiǎoxué de nǚ'er zuò gōngkè.
Frau Liu betreut jeden Tag ihre frisch eingeschulte Tochter bei ihren Hausaufgaben.

d. 你<u>送</u>她回家吧！
Nǐ <u>sòng</u> tā huíjiā ba!
Bring du sie nach Hause!

e. 很多家长每天都<u>送</u>孩子上学、上辅导班。
Hěnduō jiāzhǎng měitiān dōu <u>sòng</u> háizimen shàngxué shàng fǔdǎobān.
Viele Eltern bringen ihre Kinder täglich zur Schule und zur Nachhilfe.

f. 主人把客人<u>送</u>到大门口。
Zhǔrén bǎ kèrén <u>sòng</u>dào dàménkǒu.
Der Gastgeber begleitet die Gäste zur Haustür.

Übung:

1. 我下午还有课，不能 _____ 你去图书馆。
   Wǒ xiàwǔ hái yǒu kè, bù néng _______ nǐ qù túshūguǎn.

2. 会议结束后，李经理开车 _____ 老板回宾馆。
   Huìyì jiéshù hòu, Lǐ jīnglǐ kāichē _______ lǎobǎn huí bīnguǎn.

3. 爸爸很忙，没空 _____ 孩子看电影。
   Bàba hěn máng, méi kòng _______ háizi kàn diànyǐng.

7. berichten; einen Vortrag halten

报告	bàogào	V. + V.	berichten, einen Vortrag halten
讲演	jiǎngyǎn	V. + V.	eine Rede/einen Vortrag halten

报告	• beruflich, wissenschaftlich, fachlich • ernsthaft • schriftlich oder mündlich
讲演	• in der Öffentlichkeit vor einem Publikum • verbal, auch emotional

报告 bezeichnet einen *Vortrag* halten im Sinne von „berichten". 讲演 bedeutet ebenfalls eine *Rede* oder einen *Vortrag halten*.

Bei 报告 bezieht sich der Vortragsinhalt oft auf berufliche, wissenschaftliche bzw. fachliche Themen und ist eher ernster Natur (Bsp. a – c), hingegen unterliegt 讲演 dieser Beschränkung nicht. Dort findet der Vortrag immer in der Öffentlichkeit vor einem Publikum statt, wie die zweite Silbe 演 (*aufführen, spielen*) zum Ausdruck bringt (Bsp. d – f).

报告 kann sich auf Schriftliches oder Gesprochenes beziehen, 讲演 hat immer einen verbalen Bezug.

Achtung:
Beide Ausdrücke können sowohl als Verb als auch Substantiv fungieren (Bsp. c, e, f), wobei für den Ausdruck *einen Vortrag* oder *eine Rede halten* das Verb „发表 fābiǎo" eingesetzt wird.

发表报告	fābiǎo bàogoà
发表讲演	fābiǎo jiǎngyǎn

a. 王经理在昨天的会议上报告了公司的营运状况。
Wáng jīnglǐ zài zuótiān de huìyì shàng bàogàole gōngsī de yíngyùn zhuàngkuàng.
Manager Wang hat auf der gestrigen Konferenz über den Betriebszustand der Firma berichtet.

b. 老师们每个星期必须向校长<u>报告</u>班上的情况。
Lǎoshīmen měi ge xīngqī bìxū xiàng xiàozhǎng <u>bàogào</u> bānshàng de qíngkuàng.
Die Lehrer müssen jede Woche dem Schulleiter über die Unterrichtssituation der Klasse berichten.

c. 参观了博物馆后，学生们必须针对里边展览的文物写一篇<u>报告</u>。
Cānguānle bówùguǎn hòu, xuéshēngmen bìxū zhēnduì lǐmiàn zhǎnlǎn de wénwù xiě yì piān <u>bàogào</u>.
Nach der Besichtigung des Museums müssen die Schüler über die in der Ausstellung dargestellten Stücke einen Bericht schreiben.

d. 林教授<u>讲演</u>后回答听众提问。
Lín Jiāoshòu <u>jiǎngyǎn</u> hòu huídá tīngzhòng tíwèn.
Professor Lin beantwortet nach dem Vortrag die von den Zuhörern gestellten Fragen.

e. 这场<u>讲演</u>的内容枯燥乏味，不吸引人。
Zhè chǎng <u>jiǎngyǎn</u> de nèiróng kūzào fáwèi, bù xīyǐn rén.
Der Vortragsinhalt ist trocken und nicht anziehend.

f. 明天众多作家将针对这题目发表<u>讲演</u>。
Míngtiān zhòngduō zuòjiā jiāng zhēnduì zhè tímù fābiǎo <u>jiǎngyǎn</u>.
Morgen werden viele Wissenschaftler über dieses Thema eine Rede halten.

Übung:

1. 那位作家在各大学 _____，非常受欢迎。
Nà wèi zuòjiā zài gè dàxué _______, fēicháng shòu huānyíng.

2. 李经理 _____ 了公司的客户情况。
Lí jīnglǐ _______ le gōngsī de kèhù qíngkuàng.

3. 如果天气不好，_____ 会将改在室内举行。
Rúguǒ tiānqì bǔ hǎo, _______ huìyì jiāng gǎi zài shìnèi jǔxíng.

8. bestellen

点 diǎn	V.	bestellen, auswählen
订 dìng	V.	bestellen, abonnieren, reservieren
叫 jiào	V.	bestellen, anfordern

点	• Essen, Getränke	• im Restaurant
订	• Zeitung, Zimmer, Ticket, Tisch	• Vorbestellung, Abonnement
叫	• Essen, Getränke, Waren, Taxi	• Lieferung nach Hause

点，订 und 叫 haben die gemeinsame Bedeutung *bestellen*, finden aber in einem unterschiedlichen Kontext Verwendung.

点 und 叫 werden beim Bestellen von Speisen und Getränken verwendet.

Bei der Bestellung und dem Verzehr vor Ort, also z. B. im Restaurant, wird der Begriff 点 benutzt (Bsp. a, b). Bei der Anlieferung von Waren z. B. nach Hause kommt hingegen 叫 zum Einsatz (Bsp. d). In diesem Sinne hat 点 auch die Bedeutung von *auswählen* (Bsp. b). 叫 wird darüber hinaus beim Bestellen von Taxis verwendet (Bsp. c).

订 wird hingegen für das Abonnieren, Buchen bzw. Bestellen von Zeitungen, Sitzplätzen, Hotelzimmern oder Tickets benutzt (Bsp. e – h).

a. 昨晚在饭馆吃饭时，我点了一个北京烤鸭和一杯红葡萄酒。
Zuówǎn zài fànguǎn chīfàn shí, wǒ diǎnle yí ge Běijīng kǎoyā hé yì bēi hóngpútáojiǔ.
Gestern Abend habe ich beim Essen im Restaurant eine Peking-Ente und ein Glas Rotwein bestellt.

b. 在卡拉OK 他点了一首民歌。
Zài kǎlā OK tā diǎnle yì shǒu míngē.
Im Karaoke hat er ein Volkslied ausgewählt.

c. 请酒店的服务员给我们叫出租车吧！
Qǐng jiǔdiàn de fúwùyuán gěi wǒmen jiào chūzūchē ba!
Bitte das Hotelpersonal, uns ein Taxi zu rufen!

d. 我们一共叫了几个菜？
Wǒmen yígòng jiàole jǐ ge cài?
Wie viele Gerichte haben wir insgesamt bestellt?

e. 李秘书昨天打电话订了房间。
Lǐ mìshū zuótiān dǎ diànhuà dìngle fángjiān.
Die Sekretärin Li hat gestern telefonisch ein Zimmer gebucht.

f. 这报纸是你订的吗？
Zhè bàozhǐ shì nǐ dìng de ma?
Ist die Zeitung von dir abonniert?

g. 明天我们请朋友去餐厅吃饭，今天最好先打电话订位子。
Míngtiān wǒmen qǐng péngyǒu qù cāntīng chīfàn, jīntiān zuìhǎo xiān dǎ diànhuà dìng wèizi.
Wir laden morgen Freunde zum Essen ein und sollten am besten schon heute telefonisch einen Tisch reservieren.

h. 在网络上订机票很方便。
Zaì wǎngluò shàng dìng jīpiào hěn fāngbiàn.
Es ist sehr praktisch, im Internet Flugtickets zu buchen.

Übung:

1. 除了面条以外，我还 _____ 了三份小菜，一会儿就会送来。
Chúle miàntiáo yǐwài, wǒ hái _______le sān fèn xiǎocài, yìhuǐr jiù sòng lái.

2. 明天晚上的京剧票你 _____ 好了没有？
Míngtiān wǎnshàng de jīngjùpiào nǐ _______ hǎo le méiyǒu?

3. 妈妈给我 _____ 了一年的英文杂志。
Māma gěi wǒ _______le yì nián de yīngwén zázhì.

4. 我们 _____ 的车怎么还没到呢？
Wǒmen _______ de chē zěnme hái méi dào ne?

9. bleiben

呆 dāi	V.	bleiben
待 dāi	V.	bleiben, verweilen, sich aufhalten
留 liú	V.	sich aufhalten, bleiben, bewahren

呆	• unbeweglicher Zustand
待	• kurz- oder langzeitig
留	• kurzzeitig, zeitweilig

呆，待 und 留 haben alle die Bedeutung *bleiben*.

呆 und 待 unterscheiden sich semantisch dadurch, dass 呆 einen unbeweglichen Zustand bezeichnet (Bsp. a), 待 aber nicht.

待 bedeutet *an einem Ort bleiben* und entspricht der Bedeutung von *sich aufhalten, verweilen* (Bsp. b – d). In dieser Verwendung ist 待 ersetzbar durch 留, wenn der Aufenthalt nur kurzzeitig ist (Bsp. c, d).

留 hat neben der Bedeutung *bleiben, sich aufhalten* (Bsp. e, f) auch die Bedeutung *aufbewahren* (Bsp. g, h).

a. 别整天呆在电脑前，有时也该出去透透气！
Bié zhěngtiān dāi zài diànnǎo qián, yǒushí yě gāi chūqù tòutòuqì!
Sitze nicht den ganzen Tag vor dem Computer! Du sollst manchmal auch an die frische Luft gehen!

b. 她在德国一共待了六年。
Tā zài Déguó yígòng dāile liùnián.
Sie hielt sich insgesamt sechs Jahre in Deutschland auf.

c. 我不想在这儿待太长时间。
Wǒ bù xiǎng zài zhèr dāi tài cháng shíjiān.
Ich möchte hier nicht zu lange bleiben.

d. 我在上海稍待几天，再去香港。
Wǒ zài Shànghǎi shāo dāi jǐ tiān, zài qù Xiānggǎng.
Ich halte mich nur einige Tage in Shanghai auf, dann fahre ich nach Hongkong.

e. 外边天气冷，我要留在家，不跟你们去散步。
Wàibiān tiānqì lěng wǒ yào liú zài jiā, bú gēn nǐmen qù sànbù.
Draußen ist es kalt. Ich will zu Hause bleiben und nicht mit euch spazieren gehen.

f. 你们打算在上海留几天？
Nǐmen dǎsuàn zài shànghǎi liú jǐ tiān?
Wie viele Tage plant ihr in Schanghai zu verweilen?

g. 王阿姨一定要留我们吃晚饭。
Wáng āyí yídìng yào liú wǒmen chī wǎnfàn.
Tante Wang will unbedingt, dass wir bei ihr zum Essen bleiben.

h. 这件裙子是我给你留的。
Zhè jiàn qúnzi shì wǒ gěi nǐ liú de.
Diesen Rock habe ich für dich aufbewahrt.

Übung:

1. 你们 _____ 一会儿再走吧！
Nǐmen _____ yìhuǐr zài zǒu ba!

2. 他们在香港 _____ 不到三天就回国了。
Tāmen zài xiānggǎng _____ bú dào sāntiān jiù huíguó le.

3. 会议后，我们得 _____ 下来整理一下。
Huìyì hòu, wǒmen děi _____ xiàlái zhěnglǐ yíxià.

4. 她只在北京 _____ 了一晚。
Tā zhǐ zài Běijīng _____ le yì wǎn.

5. 这些东西 _____ 着，也许以后还能用上。
Zhè xiē dōngxī _____ zhe, yěxǔ yǐhòu hái néng yòngshàng.

10. braten

炒 chǎo	V.	sautieren, braten
煎 jiān	V.	braten, anbraten
烤 kǎo	V.	backen, grillen, braten

炒	• gerührt	
煎	• nicht gerührt	
烤	• im Backofen zubereitet	• grillen

炒 und 煎 bezeichnen die Zubereitungsart, in der die Zutaten in der Pfanne durch Braten gegart werden. Im Unterschied zu 煎, bei der die Zutaten in der Pfanne nur wenige Male gewendet werden (Bsp. c, d), erfolgt bei 炒 ein mehrmaliges Umrühren der Zutaten (Bsp. a, b).

Wird etwas im Backofen oder auf dem Grill zubereitet, verwendet man 烤 (Bsp. e, f).

a. 蛋炒饭做法简单又好吃。
Dànchǎofàn zuòfǎ jiǎndān yòu hǎochī.
Gebratener Reis mit Rühreiern ist einfach zu machen und schmeckt gut.

b. 肉丝炒芹菜是一道爽口的菜。
Ròusī chǎo qíncài shì yí dào shuǎngkǒu de cài.
Gebratene Fleischstreifen mit Sellerie sind eine wohlschmeckende und erfrischende Speise.

c. 这条带鱼骨的鱼只能煎，不能炒。
Zhè tiáo dài yúgǔ de yú zhǐ néng jiān, bù néng chǎo.
Dieser Fisch mit Gräten kann nur gebraten, aber nicht gerührt werden.

d. 今天晚餐是一块香煎牛排和土豆沙拉。
Jīntiān wǎncān shì yí kuì xiāngjiān niúpái hé tǔdòu shālā.
Heute gibt es zum Abendessen ein Stück gebratenes Steak und Kartoffelsalat.

e. 用烤箱烤出来的鱼和用烧烤的味道不同。
Yòng kǎoxiāng kǎo chūlái de yú hé yòng shāokǎo de wèidào bù tóng.
Ein im Backofen zubereiteter Fisch schmeckt anders als ein gegrillter.

f. 隔壁的张太太很会烤蛋糕。
Gébì de Zhāng tàitai hěn huì kǎo dàngāo.
Die Nachbarin Frau Zhang kann sehr gut backen.

Übung:

1. 荷包蛋要 _____ 得好，并不容易。
Hébāodàn yào _______ de hǎo, bìng bù róngyì.

2. 我们点一个 _____ 青菜吧！
Wǒmen diǎn yí ge _______ qīngcài ba!

3. 夏天很多人喜欢在花园里 _____ 肉。
Xiàtiān hěn duō rén xǐhuān zài huāyuán lǐ _______ ròu.

4. 西红柿 ______ 鸡蛋人人都会吧？
Xīhóngshì ________ jīdàn rénrén dōu huì ba?

5. 面包冷了，先 ______ 一下再吃吧！
Miànbāo lěng le, xiān ________ yíxià zài chī ba!

11. bringen

带	dài	V.	bringen, mitbringen, mitnehmen
拿	ná	V.	nehmen, ergreifen, halten

带	• bei sich haben
拿	• etwas in die Hand nehmen bzw. halten

Die grundlegende Bedeutung von 带 ist *bei sich haben* und kann sich sowohl auf Gegenstände (Bsp. a – c) als auch auf Lebewesen (Bsp. d – f) und Objekte beziehen.

拿 bedeutet *nehmen* im Sinne von „etwas in die Hand nehmen" bzw. „in der Hand haben" (Bsp. g, h).

Achtung:
Der Gebrauch von 带 in (Bsp. d) ist nicht zu verwechseln mit dem Satz *„Ich bringe dich nach Hause."*, der auf Chinesisch

„我<u>送</u>你回家。" „wǒ <u>sòng</u> nǐ huíjiā."

heißen muss. Oft wird stattdessen fälschlicherweise

„我<u>带</u>你回家。" „wǒ <u>dài</u> nǐ huíjiā."

verwendet, was auf Deutsch *„Ich bringe dich **zu mir** nach Hause"* bedeutet.

Die Ausdrücke 带大 (dàidà) *groß ziehen* (Bsp. e) und 带孩子(dài háizi) *Kinder hüten* (Bsp. f) sind als feste Verbindung anzusehen.

带大	dàidà	• groß ziehen
带孩子	dài háizi	• Kinder hüten

a. 朋友从中国给我带了一些茶叶回来。
Péngyǒu cóng Zhōngguó gěi wǒ dàile yìxiē cháyè huílái.
Ein Freund hat mir etwas Tee aus China mitgebracht.

b. 你身上没带着钱，怎么请吃饭呢？
Nǐ shēnshàng méi dàizhe qián, zěnme qǐng chīfàn ne?
Wie kannst du uns zum Essen einladen, wenn du kein Geld dabei hast?

c. 我们可以带几件行李上飞机？
Wǒmen kěyǐ dài jǐ jiàn xínglǐ shàng fēijī?
Wie viel Gepäck dürfen wir ins Flugzeug mitnehmen?

d. 明天我带你上街买几件衣服吧！
Míngtiān wǒ dài nǐ shàngjiē mǎi jǐ jiàn yīfú ba!
Morgen bringe ich dich in die Stadt, um dir einige Kleidungsstücke zu kaufen!

e. 小新的父母都在城里工作，他是奶奶带大的。
Xiǎoxīn de fùmǔ dōu zài chénglǐ gōngzuò, tā shì nǎinai dàidà de.
Xiaoxins Eltern arbeiten beide in der Stadt. Er wurde von seiner Großmutter aufgezogen.

f. 她辞去了工作在家带孩子。
Tā cíqùle gōngzuò zài jiā dài háizi.
Sie hat die Arbeit gekündigt und kümmert sich zu Hause um die Kinder.

g. 我把课本忘在家了，现在就回去拿。
Wǒ bǎ kèběn wàng zài jiā le, xiànzài jiù huíqù ná.
Ich habe das Lehrbuch zu Hause vergessen. Ich gehe jetzt zurück und hole es.

h. 你手里拿着什么东西？
Nǐ shǒulǐ názhe shénme dōngxī?
Was hast du da in der Hand?

Übung:

1. 把面包 _____ 上，路上饿了可以吃！
   Bǎ miànbāo _____ shàng, lùshàng èle kěyǐ chī!

2. 请把您的护照 _____ 出来！
   Qǐng bǎ nín de hùzhào _____ chūlái!

3. 糟糕，我忘了把图书馆的借书证 _____ 来了！
   Zāogāo, wǒ wàngle bǎ túshūguǎn de jièshūzhèng _____ lái le!

4. 这么小的孩子就会 _____ 笔写字了！
   Zhème xiǎo de háizi jiù huì _____ máobǐ xiězì le!

12. denken

觉得	juédé	V. + V.	fühlen, empfinden, spüren, meinen, finden, halten
想	xiǎng	V.	meinen, glauben, denken, wollen, annehmen, sich nach jm./etw. sehnen

觉得	• unsicherer Unterton, subjektive Empfindung
想	• vermuten, Intention

觉得 hat die Bedeutungen *sich fühlen, empfinden* (Bsp. a, b), *meinen* und *finden* (Bsp. c – f). In der Bedeutung von *meinen, finden* hat 觉得 einen unsicheren Unterton und drückt eine subjektive Empfindung aus (Bsp. c – f).

想 bezeichnet neben der Bedeutung *denken*, im Sinne von „nachdenken" oder „erwägen" (Bsp. g, h), auch *denken* im Sinne von „vermuten" (Bsp. i). Ferner kann es auch eine „Intention" ausdrücken und entspricht dann einem *wollen* (Bsp. j). Bei der Verwendung mit einer Person oder einem Ort als Objekt, bedeutet 想 *denken an* bzw. *vermissen* (Bsp. k).

a. 孩子们玩儿了一整天了，却一点儿也不觉得累。
Háizimen wánrle yì zhěngtiān le, què yì diǎnr yě bù juédé lèi.
Die Kinder haben den ganzen Tag gespielt, dennoch sind sie gar nicht müde.

b. 病了一周了，今天觉得好多了！
Bìngle yì zhōu le, jīntiān juédé hǎo duō le!
Ich bin seit einer Woche krank und heute fühle ich mich viel besser!

c. 小李这么做，我一点儿也不觉得奇怪。
Xiǎolǐ zhème zuò, wǒ yì diǎnr yě bù juédé qíguài.
Es wundert mich gar nicht, dass Li so handelt.

d. 我觉得大城市和乡村的生活各有特色。
Wǒ juédé dà chéngshì hé xiāngcūn de shēnghuó gèyǒu tèsè.
Ich denke, dass das Leben in großen Städten oder in Dörfern jeweils seine besonderen Eigenschaften hat.

e. 你觉得这部电影怎么样？
Nǐ juédé zhè bù diànyǐng zěnmeyàng?
Wie findest du den Film?

f. 你也觉得老板今天情绪不太好吗？
Nǐ yě juédé lǎobǎn jīntiān qíngxù bú tài hǎo ma?
Hast du auch den Eindruck, dass der Chef heute keine gute Laune hat?

g. 这个问题不容易回答，我必须仔细想想。
Zhè ge wèntí bù róngyì huídá, wǒ bìxū zǐxì xiǎngxiǎng.
Diese Frage ist schwer zu beantworten. Ich muss genau darüber nachdenken.

h. 我们得想办法解决这个困难。
Wǒmen děi xiǎng bànfǎ jiějué zhè ge kùnnán.
Wir müssen eine Lösung für diese Schwierigkeiten finden.

i. 我想他不会来参加今晚的聚会了。
Wǒ xiǎng tā bú huì lái cānjiā jīnwǎn de jùhuì le.
Vermutlich nimmt er an dem Treffen heute Abend nicht mehr teil.

j. 你想什么时候开始学习舞蹈？
Nǐ xiǎng shénme shíhòu kāishǐ xuéxí wǔdǎo?
Wann willst du anfangen Tanzen zu lernen?

k. 他离家到北京后，家人都非常想他。
Tā líjiā dào Běijīng hòu, jiārén dōu fēicháng xiǎng tā.
Seit er sein Zuhause verlassen hat und nach Peking gegangen ist, vermisst ihn seine Familie sehr.

Übung:

1. 我 _____ 安静的环境对学习很重要。
Wǒ _____ ānjìng de huánjìng duì xuéxí hěn zhòngyào.

2. 你今天 _____ 穿哪件衬衫？
Nǐ jīntiān _____ chuān nǎ jiàn chènshān?

3. 我 _____ 健康与锻炼有很大关系。
Wǒ _____ jiànkāng yǔ duànliàn yǒu hěn dà guānxì.

4. 刘同学成绩不好，_____ 很难过。
Liú tóngxué chéngjī bù hǎo, _______ hěn nánguò.

5. 你们 _____ 什么时候去中国旅游？
Nǐmen _______ shénme shíhòu qù zhōngguó lǚyóu?

6. 让我 _____ 这题数学题怎么解！
Ràng wǒ _______ zhè tí shùxuétí zěnme jiě!

13. empfangen

收	shōu	V.	empfangen, aufnehmen, einkassieren entgegennehmen, hereinholen
收到	shōudào	V. + V.	erhalten, bekommen

收	• Handlung an sich
收到	• Resultat bzw. Erfolg der Handlung

Die grundlegende Bedeutung von 收 ist es, *etwas aufzunehmen*, *entgegenzunehmen* oder zu *empfangen* (Bsp. a, b). Steht es im Zusammenhang mit Geld 钱 oder Gebühren 费, hat 收 die Bedeutung von *kassieren* (Bsp. c). Bei der Verwendung mit einem Objekt, welches sich außerhalb befindet, bedeutet 收 auch *hereinholen* oder *aufräumen* (Bsp. d – f).

收到 bezeichnet das Resultat bzw. den Erfolg einer Handlung 收 (Bsp. g – i).

a. 这家银行不收人民币。
Zhè jiā yínháng bù shōu rénmíngbì.
Diese Bank nimmt keine chinesische Währung an.

b. 这所大学今年收了很多外国学生。
Zhè suǒ dàxué jīnnián shōule hěnduō wàiguó xuéshēng.
Diese Universität hat dieses Jahr viele ausländische Studenten aufgenommen.

c. 每个月几号收水电费？
Měi ge yuè jǐ hào shōu shuǐdiànfèi?
Am welchen Tag im Monat werden Wasser- und Stromgebühren kassiert?

d. 阳台上晒的衣服收了没有？
Yángtái shàng shài de yīfú shōu le méiyǒu?
Hast du die Wäsche auf dem Balkon hereingeholt?

e. 没客人了，不如就早点儿把摊子收了吧！
Méi kèrén le, bùrú jiù zǎo diǎnr bǎ tānzi shōu le ba!
Es kommen keine Kunden mehr, räumen wir lieber etwas früher den Stand ab!

f. 过了一个暑假，心得收一收回到课业上。
Guòle yí ge shǔjià, xīn děi shōu yì shōu huídào kèyè shàng.
Die Sommerferien sind nun vorbei. Ihr müsst euch langsam auf das Lernen konzentrieren.

g. 在地下室收不到讯号。
Zài dìxiàshì shōu bú dào xùnhào.
Im Keller erhält man kein Signal.

h. 老李昨天收到了一封他儿子从北京寄来的信。
Lǎolǐ zuótiān shōudàole yì fēng tā érzi cóng běijīng jìlái de xìn.
Unser alter Freund Li hat gestern einen Brief von seinem Sohn aus Peking erhalten.

i. 用这个方法教育孩子是收不到良好的效果的。
Yòng zhè ge fāngfǎ jiàoyù háizi shì shōu bú dào liánghǎo de xiàoguǒ de.
Die Kinder auf diese Art und Weise zu erziehen, wird zu keinem guten Ergebnis führen.

Übung:

1. 我没有 _____ 你的电子邮件。
Wǒ méiyǒu _______ nǐ de diànzǐ yóujiàn.

2. 把桌上的地图 _____ 一下吧！
Bǎ zhuōshàng de dìtú _______ yíxià ba!

3. 妈妈要我把客厅的盘子 _____ 厨房。
Māma yào wǒ bǎ kètīng de pánzi _______ chúfáng.

14. erhalten

得到	dédào	V. + V.	erlangen, bekommen, erhalten
拿到	nádào	V. + V.	bekommen, erhalten
收到	shōudào	V. + V.	bekommen, erhalten

得到	• unbeabsichtige oder beabsichtigte Handlungen	
	+ konkrete Objekte	+ abstrakte Objekte
拿到	• beabsichtigte Handlungen	+ konkrete Objekte
收到	• passive Handlungen	+ konkrete Objekte

得到, 拿到 und 收到 bedeuten zwar alle *bekommen, erhalten,* sie unterscheiden sich aber in ihrer Verwendung:

收到 wird verwendet, wenn ein bestimmtes Objekt ohne eigenes Zutun erlangt wird, wie z. B. einen Brief erhalten (Bsp. f – h).

Hingegen wird 拿到 aktiv verwendet (Bsp. d, e).

得到 drückt *etwas erhalten/erreichen können* aus und wird für eine beabsichtigte oder unbeabsichtigte Handlung verwendet.

Eine weitere Unterscheidungsebene gibt es in Bezug auf Abstrakta und Konkreta: 得到 findet bei abstrakten Objekte wie z. B. „Unterstützung", „Anerkennung" (Bsp. a, b) oder bei konkreten Objekten wie z. B. „Leistungsprämie" oder „Preis" Anwendung (Bsp. c), 拿到 und 收到 hingegen werden nur bei konkreten Objekten wie z. B. „fassbare Gegenstände" benutzt (Bsp. d – h).

a. 他的决定<u>得到</u>了父母的支持。
   Tā de juédìng <u>dédào</u>le fùmǔ de zhīchí.
   Seine Entscheidung erhielt die Unterstützung seiner Eltern.

b. 她的这种做法<u>得</u>不<u>到</u>大家的肯定。
   Tā de zhè zhǒng zuòfǎ <u>dé</u> bú <u>dào</u> dàjiā de kěndìng.
   Auf dieser Art kann sie nicht die Anerkennung von allen bekommen.

c. 他因比赛获胜得到了一大笔奖金和奖品。
Tā yīn bǐsài huòshèng dédàole yí dà bǐ jiǎngjīn hé jiǎngpǐn.
Für den Sieg beim Wettkampf erhielt er eine große Summe an Preisgeldern und eine Siegesprämie.

d. 小李拿到了美国绿卡了。
Xiǎolǐ nádàole Měiguó lǜkǎ le.
Li hat die GreenCard der USA schon erhalten.

e. 德国的博士学位不容易拿到。
Déguó de bóshì xuéwèi bù róngyì nádào.
Der Doktortitel ist in Deutschland nicht leicht zu erlangen.

f. 圣诞节时，孩子们最期待收到礼物。
Shèngdànjié shí, háizimen zuì qīdài shōudào lǐwù.
Zu Weihnachten erwarten die Kinder am meisten, Geschenke zu bekommen.

g. 很高兴收到您的来信。
Hěn gāoxìng shōudào nín de láixìn.
Ihren Brief zu erhalten, hat mich sehr gefreut.

h. 我们还没有收到您的电子信。
Wǒmen hái méiyǒu shōudào nín de diànzǐxìn.
Wir haben Ihre Email noch nicht erhalten.

Übung:

1. 你申请的工作 _____ 了没有？
Nǐ shēnqǐng de gōngzuò _____ le méiyǒu?

2. 他的意见没 _____ 同事的赞同。
Tā de yìjiàn méi _____ tóngshì de zàntóng.

3. 你 _____ 大学的入学通知了吗？
Ní _____ dàxué de rùxué tōngzhī le ma?

4. 生日的时候，小健 _____ 了一副太阳眼镜。
Shēngrì de shíhòu, Xiǎojiàn _____ le yí fù tàiyáng yǎnjìng.

15. finden

发觉	fājué	V. + V.	entdecken, bemerken, wahrnehmen
发现	fāxiàn	V. + V.	entdecken, finden
找到	zhǎodào	V. + V.	finden

发觉	• Wahrnehmen eines Sachverhalts
发现	• etwas zufällig finden
找到	• erfolgreicher Abschluss eines Suchvorgangs

发觉 besteht aus den Schriftzeichen *enthüllen* 发 und *wahrnehmen* 觉, daher liegt der Fokus bei 发觉 im Vergleich zu 发现 mehr auf dem Wahrnehmen.

发觉 bezeichnet das Wahrnehmen eines Sachverhalts, der vorher nicht bemerkt wurde (Bsp. a – d). In der Umgangsprache wird 发觉 allerdings oft durch 发现 ersetzt. 发现 wird in der Regel für das zufällige Finden eines unbekannten Gegenstands oder das Entdecken eines Sachverhalts verwendet (Bsp. e – g). In dieser Bedeutung ist 发现 nicht durch 发觉 zu ersetzen.

Das Finden im Sinne von 找到 ist im Gegensatz zu 发现 Resultat eines gezielten Suchens (Bsp. h).

a. 她竟然没有<u>发觉</u>自己穿错了鞋。
Tā jìngrán méiyǒu <u>fājué</u> zìjǐ chuāncuòle xié.
Unvorstellbar, dass sie nicht bemerkt hat, die falschen Schuhe anzuhaben.

b. 你不告诉他这件事情，他迟早还是会<u>发觉</u>的。
Nǐ bú gàosù tā zhè jiàn shìqíng, tā chízǎo háishì huì <u>fājué</u> de.
Selbst wenn du ihm davon nicht erzählst, würde er es früher oder später entdecken.

c. 大家不久后就<u>发觉</u>原来这只是个谎言。
Dàjiā bùjiǔ hòu jiù <u>fājué</u> yuánlái zhè zhǐ shì ge huǎngyán.
Kurz danach haben alle bemerkt, dass es eigentlich nur eine Lüge war.

d. 我们在她身后站了这么久，她竟然都没<u>发觉</u>。
Wǒmen zài tā shēnhòu zhànle zhème jiǔ, tā jìngrán dōu méi <u>fājué</u>.
Unglaublich, dass ich so lange hinter ihr stand und sie es gar nicht bemerkte.

e. 哥伦布在1492年10月12日<u>发现</u>了新大陆。
Gēlúnbù zài yīsìjiǔèr nián shí yuè shíèr rì <u>fāxiàn</u>le Xīndàlù.
Kolumbus entdeckte die Neue Welt am 12. Oktober 1492.

f. 研究人员在森林里<u>发现</u>不知名的动物。
Yánjiù rényuán zài sēnlín lǐ <u>fāxiàn</u> bù zhīmíng de dòngwù.
Die Forscher entdecken im Wald ein unbekanntes Tier.

g. 找了半天才<u>发现</u>原来钱包就在购物袋里。
Zhǎole bàntiān cái <u>fāxiàn</u> yuánlái qiánbāo jiù zài gòuwùdài lǐ.
Nach langem Suchen habe ich erst bemerkt, dass meine Brieftasche in meiner Einkaufstasche lag.

h. 她终于<u>找到</u>了一个自己满意的住所了。
Tā zhōngyú <u>zhǎodào</u>le yí ge zìjǐ mǎnyì de zhùsuǒ le.
Sie hat endlich eine Wohnung gefunden, mit der sie zufrieden ist.

Übung:

1. 前几天我在附近 _____ 了一家不错的餐馆。
Qiánjǐtiān wǒ zài fùjìn _____le yì jiā búcuò de cānguǎn.

2. 看见树上的嫩芽，我才 _____ 春天已经到了。
Kànjiàn shùshàng de nènyá, wǒ cái _____ chūntiān yǐjīng dào le.

3. 他还没 _____ 合适自己的工作。
Tā hái méi _____ héshì zìjǐ de gōngzuò.

4. 我们走了老半天，才 _____ 走错方向了。
Wǒmen zǒule lǎobàntiān, cái _____ zǒu cuò fāngxiàng le.

5. 中国是最早 _____ 和利用茶叶的国家。
Zhōngguó shì zuìzǎo _____ hé lìyòng cháyè de guójiā.

16. helfen

帮忙	bāngmáng	V. + Adj.	helfen, Hilfe leisten
帮助	bāngzhù	V. + V.	helfen, Hilfe leisten

帮忙 • bei einer Beschäftigung helfen, jmdm. einen Gefallen tun
帮助 • jmdn. unterstützen

帮忙 besteht aus dem Verb *helfen* 帮 und dem Adjektiv *beschäftigt* 忙 und bedeutet *helfen* im Sinne von „bei einer Tätigkeit helfen" oder „jmdm. einen Gefallen tun" (Bsp. a – c).

Soll der Aspekt des Unterstützens betont werden, wird das zusammengesetzte Verb 帮助 verwendet (*helfen* 帮 und *unterstützen* 助) (Bsp. d – g).

a. 我手上提着这么多东西，你帮忙把们打开吧！
Wǒ shǒu shàng tízhē zhème duō dōngxī, nǐ bāngmáng bǎ mén dǎkāi ba!
Ich habe so viele Sachen in den Händen. Hilf mir bitte die Tür zu öffnen!

b. 他在这事儿上帮了我一个大忙。
Tā zài zhè shìer shàng bāngle wǒ yí ge dà máng.
Er hat mir bei der Angelegenheit große Hilfe geleistet.

c. 这件事谁都帮不了忙。
Zhè jiàn shì shéi dōu bāng bù liǎo máng.
Bei der Sache kann niemand behilflich sein.

d. 他帮助留学生们办借书证。
Tā bāngzhù liúxuéshēngmen bàn jièshūzhèng.
Er hilft den ausländischen Studenten bei der Beantragung des Leseausweises.

e. 你能帮助我完成这件作品吗？
Nǐ néng bāngzhù wǒ wánchéng zhè jiàn zuòpǐn ma?
Könntest du mir helfen, das Werk zu vervollständigen?

f. 这个做法对这件事情没有多大帮助。
Zhè ge zuòfǎ duì zhè jiàn shìqíng méiyǒu duōdà bāngzhù.
Diese Methode würde bei dieser Angelegenheit nicht viel helfen.

g. 我们应该帮助弱小、老人和无家可归的人。
Wǒmen yīnggāi bāngzhù ruòxiǎo, lǎorén hé wújiā kěguī de rén.
Wir sollten den Schwachen, den Alten und den Obdachlosen beistehen.

Übung:

1. 读这本书对我 _____ 很大。
Dú zhè běn shū duì wǒ _____ hěn dà.

2. 家人 _____ 他解决了金钱的问题。
Jiārén _____ tā jiějuéle jīnqián de wèntí.

3. 谁来 _____ 擦黑板？
Shé lái _____ chā hēibǎn?

17. lärmen

吵	chǎo	V.	Krach machen, lärmen, poltern
闹	nào	V.	Krach schlagen, lärmen

吵	• Krach	• verbal
闹	• Verhalten oder Stimme	• emotional

吵 und 闹 bedeuten beide *lärmen*.

吵 bezeichnet eine Störung durch Lärm in der Umgebung (Bsp. a, b), wobei der Fokus stets auf dem Krach liegt.

闹 bezeichnet eine Störung durch ein Lärm auslösendes Verhalten von Menschen (Bsp. d, e). Ist das Subjekt in einem 吵-Satz ein Mensch, bedeutet 吵 *poltern* (Bsp. c).

Hinsichtlich des Grades des Polterns ist 闹 schlimmer als 吵. 吵 bezieht sich auf eine verbale Streitigkeit, wie z. B. das Kompositum 吵架 (chǎojià) *zanken, streiten* zum Ausdruck bringt, hingegen handelt es sich bei 闹 um eine emotionale Unannehmlichkeit, wie es durch das Kompositum 闹情绪 (nàoqíngxù) *Verdrießlichkeit, Missstimmung* ausgedrückt wird.

a. 外边人群喧哗的声音真吵！
Wàibiān rénqún xūnhuá de shēngyīn zhēn chǎo!
Das Stimmengewirr da draußen ist wirklich laut!

b. 孩子好不容易睡着了，又被开门声吵醒了！
Háizi hǎobù róngyì shuìzháo le, yòu bèi kāimén shēng chǎoxǐng le!
Das Kind ist endlich eingeschlafen und jetzt wieder vom Krach der Tür geweckt worden!

c. 儿子吵着要买玩具，不给他买他就一直闹。
Érzi chǎo zhē yào mǎi wánjù, bù gěi tā mǎi tā jiù yìzhí nào.
Das Kind brüllt herum, weil es das Spielzeug haben will. Wenn man es ihm nicht kauft, dann nörgelt es dauernd.

d. 别在这儿闹了，病人需要休息呢！
Bié zài zhèer nào le, bìngrén xūyào xiūxí ne!
Mach hier keinen Krach! Die Patienten brauchen ihre Ruhe!

e. 叫那些孩子别闹了！
Jiào nà xiē hāizi bié nào le!
Sag den Kindern dort, sie sollen nicht so herum lärmen!

Übung:

1. 这里很 _____，你说什么我听不到。
Zhèlǐ hěn _______, nǐ shuō shénme wǒ tīng bú dào.

2. 你们别在屋里 _____，爷爷正在睡呢！
Nǐmen bié zài wū lǐ _______, yéye zhèng zài shuì ne!

3. 电视声 _____ 得我无法专心学习。
Diànshìshēng _______ de wǒ wúfǎ zhuānxīn xuéxí.

4. 不要 _____ 我，我在准备考试!
Bú yào _______ wǒ, wǒ zhèng zài zhǔnbèi kǎoshì!

18. lassen

令	lìng	V.	lassen, veranlassen
让	ràng	V.	erlauben, lassen, veranlassen

令	• Sachverhalt	• Ergebnisse	• nicht subjektiver Wille
让	• Menschen	• Handlungen	• subjektiver Wille

令 und 让 haben beide die gemeinsamen Bedeutungen von *veranlassen* bzw. *lassen*, wobei bei 令 *veranlassen* im Sinne von „führen zu" bedeutet.

令 ist ein Synonym von 使 und bezieht sich in der Regel auf einen Sachverhalt, 让 hingegen bezieht sich auf Menschen.

Weiterhin handelt es sich bei 令 um einen nicht subjektiven Willen, bei 让 dagegen um einen subjektiven. Ihre syntaktischen Konstruktionen unterscheiden sich im Gebrauch:

Sachverhalt	+ 令	+ Ergebnis	(Bsp. a – d)
Mensch	+ 让	+ Handlung	(Bsp. e – g)

a. 这本小说的故事令人深思。
Zhè běn xiǎoshuō de gùshù lìng rén shēnsī.
Die Geschichte des Romans veranlasst die Leute zum tiefen Nachdenken.

b. 她今天没来，真令人遗憾。
Tā jīntiān méi lái, zhēn lìng rén yíhàn.
Es ist wirklich bedauerlich, dass sie heute nicht gekommen ist.

c. 这个决定令这个建筑项目遭到了巨大的损失。
Zhè ge juédìng lìng zhè ge jiànzhú xiàngmù zāodàole jùdà de sǔnshī.
Diese Entscheidung hat dem Bauprojekt einen riesigen Verlust zugeführt.

d. 老师帮助学生克服学习困难，令他们能够取得更大的进步。
Lǎoshī bāngzhù xuéshēng kèfú xuéxí kùnnán, lìng tāmen nénggòu qǔdé gèngdà de jìnbù.
Die Lehrer helfen den Schülern ihre Lernschwierigkeiten zu bewältigen, damit sie noch größere Fortschritte erzielen können.

e. 他让我把这封信转交给你。
Tā ràng wǒ bǎ zhè fēng xìn zhuǎnjiāo gěi nǐ.
Er lässt dir den Brief über mich weitergeben.

f. 让我想一想这个问题该怎么解决！
Ràng wǒ xiǎng yì xiǎng zhè ge wèntí gāi zěnme jiějué!
Lass mich mal darüber nachdenken, wie man das Problem lösen könnte!

g. 我们不能让这种丢人的事在这儿发生。
Wǒmen bù néng ràng zhè zhǒng diūrén de shì zài zhèr fāshēng.
Wir können es nicht zulassen, dass hier bei uns eine so peinliche Sache geschieht.

Übung:

1. 她这种行为很 _____ 父母为她担心。
Tā zhèzhǒng xíngwéi hěn _____ fùmǔ wèi tā dānxīn.

2. 这箱子太重，_____ 我来提吧！
Zhè xiāngzi tài zhòng le, _____ wǒ lái tí ba!

19. loben

表扬	biǎoyáng	V. + V.	loben, auszeichnen
称赞	chēngzàn	V. + V.	preisen, loben
赞扬	zànyáng	V. + V.	loben, preisen, anerkennen

表扬	• verbal	• in der Öffentlichkeit	• Preis
称赞	• verbal	• direkt gegenüber der Person	
赞扬	• verbal	• in der Öffentlichkeit	

表扬 bezeichnet, dass man jemanden in der Öffentlichkeit mit etwas auszeichnet, damit die anderen die Leistung des Ausgezeichneten mitbekommen können (Bsp. a – c).

称赞 und 赞扬 werden lediglich verbal ohne Übergabe eines das Lob symbolisierenden Gegenstandes überreicht. Während bei 称赞 das Lob direkt gegenüber der Person ausgesprochen wird (Bsp. d – f), findet dies bei 赞扬 vor Dritten in der Öffentlichkeit statt, um diese zur Nachahmung anzuregen (Bsp. g – i).

a. 她因拾金不昧而受到学校的表扬。
Tā yīn shíjīnbúmèi ér shòudào xuéxiào de biǎoyáng.
Aufgrund ihrer Ehrlichkeit wurde sie von der Schule ausgezeichnet.

b. 老师表扬了成绩好的学生。
Lǎoshī biǎoyángle chéngjī hǎo de xuéshēng.
Der Lehrer zeichnete die Schüler für ihre hervorragenden Leistungen aus.

c. 老师和家长的表扬对孩子是很大的鼓励。
Lǎoshī hé jiāzhǎng de biǎoyáng duì háizi shì hěndà de gǔlì.
Das öffentliche Lob des Lehrers und der Eltern ist für Kinder eine große Ermutigung.

d. 老师极力称赞林同学在学校的行为表现。
Lǎoshī jílì chēngzàn Lín tóngxué zài xuéxiào de xíngwéi biǎo xiàn.
Der Lehrer lobt mit ganzer Kraft das Verhalten des Schülers Lin in der Schule.

e. 她很高兴人们称赞她的烹调技术。
Tā hěn gāoxìng rénmen chēngzàn tā de pēngtiáo jìshù.
Sie freut sich, dass die Leute ihre Kochtechnik loben.

f. 救生员舍己救人受到了大家的称赞。
Jiùshēngyuán shejǐjiùrén shòudào le dàjiā de chēngzàn.
Das Rettungspersonal wurde für seine selbstlose Rettung von allen gelobt.

g. 大家都赞扬他这种勇敢的精神。
Dàjiā dōu zànyáng tā zhè zhǒng yǒnggǎn de jīngshén.
Alle Leute preisen seinen Mut.

h. 她这么多年来的辛勤努力值得赞扬。
Tā zhème duōnián lái de xīnqín nǔlì zhídé zànyáng.
Ihre langjährige Anstrengung und ihr Fleiß sind lobenswert.

i. 她美妙的歌声博得了观众一致的赞扬。
Tā měimiào de gēshēng bódé le guānzhòng yízhì de zànyáng.
Ihre schöne Stimme hat das Lob des ganzen Publikums verdient.

Übung:

1. 家长应该经常 _____ 孩子。
Jiāzhǎng yīnggāi jīngcháng _____ háizi.

2. 校长 _____ 比赛得了冠军的足球队员们。
Xiàozhǎng _____ bǐsài dé le guànjūn de zúqiú duìyuánmen.

3. 她的画受到了高度 _____。
Tā de huà shòudàole gāodù _____.

20. meinen

认为 rènwéi	V. + V.	meinen, glauben
以为 yǐwéi	V. + V.	meinen, denken, glauben, etw. fälschlicherweise annehmen

认为	• fest und bestimmt
以为	• unbestimmt und unsicher

认为 und 以为 unterscheiden sich voneinander in zwei Hinsichten: Erstens wird mit 认为 eine bestimmte und überzeugte Meinung zum Ausdruck gebracht (Bsp. a – c), hingegen bringt 以为 eher eine unsichere, nicht endgültige oder irreale Meinung zum Ausdruck (Bsp. d – f). Zweitens steht im Satz mit 以为 in der Regel ein Mensch als Subjekt, hingegen können bei 认为 außer Menschen auch Institute oder Organisationen als Subjekt dienen (Bsp. c).

a. 老板认为这个项目是可行的。
Lǎobǎn rènwéi zhè ge xiàngmù shì kěxíng de.
Der Chef hält dieses Projekt für durchführbar.

b. 你认为这故事是真的吗？
Nǐ rènwéi zhè gùshì shì zhēn de ma?
Glaubst du, dass die Geschichte wahr ist?

c. 学校认为他是最有领导能力的人。
Xuéxiào rènwéi tā shì zuì yǒu lǐngdǎo nénglì de rén.
Die Schule ist der Meinung, dass er der kompetenteste Leiter sei.

d. 我以为今天的会议不开了。
Wǒ yǐwéi jīntiān de huìyì bù kāi le.
Ich dachte, dass die heutige Sitzung nicht stattfände.

e. 别以为自己不知道的东西，就不存在.
Bié yǐwéi zìjǐ bù zhīdào de dōngxī, jiù bù cúnzài.
Denke nicht, dass Dinge, die du nicht weißt, deshalb nicht existieren.

f. 我们<u>以为</u>那样做对大家都比较好。
Wǒmen <u>yǐwéi</u> nàyàng zuò duì dàjiā dōu bǐjiào hǎo.
Unserer Meinung nach scheint es für uns alle besser, so zu handeln.

Übung:

1. 对不起，我 _____ 这件风衣是卖的。
Duìbùqǐ, wǒ ______ zhè jiàn fēngyī shì mài de.

2. 这幅画作被 _____ 是大师级的。
Zhè fú huàzuò bèi ______ shì dàshījí de.

3. 我 _____ 比赛是下周末才举行的。
Wǒ ______ bǐsài shì xià zhōumò cái jǔxíng de.

4. 你 _____ 这本小说能畅销吗？
Nǐ ______ zhè běn xiǎoshuō néng chàngxiāo?

21. merken

记	jì	V.	aufschreiben, notieren
记住	jìzhù	V.	sich merken

记	• niederschreiben
记住	• im Kopf behalten

记 bezeichnet die Handlung *notieren* oder *aufschreiben* (Bsp. a, b).

记住 bezeichnet den Vorgang bzw. das Ergebnis des Notierens, nämlich „etwas oder jemanden im Kopf behalten" (Bsp. c, d).

a. 请把今天会议的要点记一下！
Qǐng bǎ jīntiān huìyì de yàodiǎn jì yí xià!
Bitte notieren Sie mal kurz die Schwerpunkte der heutigen Konferenz!

b. 你一定要把这句话牢牢记在心上。
Nǐ yídìng yào bǎ zhè jù huà láoláo jì zài xīn shàng.
Diesen Satz musst Du dir unbedingt zu Herzen nehmen.

c. 这个句子太长了，我记不住。
Zhè ge jùzi tài cháng le, wǒ jì bú zhù.
Dieser Satz ist zu lang! Ich kann ihn mir nicht merken.

d. 把生命中的每一个美好时刻记住!
Bǎ shēngmìng zhōng de měi yī ge měihǎo shíkè jìzhù.
Behalte die schönen Momente des Lebens im Kopf!

Übung:

1. 这一课的生词你们都已经 ______ 了吗？
Zhè yí kè de shēngcí nǐmen dōu yǐjīng ______ le ma?

2. 请把我的电话号码 ______ 下来！
Qǐng bǎ wǒ de diànhuà hàomǎ ______ xiàlái!

3. 人老了，很多事情都 ______ 不 ______ 了。
Rén lǎo le, hěn duō shìqíng dōu ______ bú ______ le.

4. 我把你家的地址 ______ 错了。
Wǒ bǎ nǐ jiā de dìzhǐ ______ cuò le.

22. Passiv

被 bèi	V.	passive Präposition
给 gěi	V.	geben
叫 jiào	V.	passiv
让 ràng	V.	lassen
受 shòu	V.	erleiden, sich unterziehen

被, 给, 叫, 让	• mit Nennung des Akteurs
被	• ohne Nennung des Akteurs

Die passive Präposition 被 ist in der Umgangssprache oft ersetzbar durch 给, 叫 und 让, wenn der Akteur genannt wird (Bsp. a, b). Ein passiver Satz ohne Nennung des Akteurs (Bsp. c) kann nur mit 被 oder mit 给 gebildet werden.

Bemerkung:
Mit 被-Sätzen wird beschrieben, wie ein bestimmtes abstraktes oder physisches Objekt behandelt oder von jemandem bzw. durch etwas entsorgt wird. Bei der Bildung der Passiv-Konstruktion werden Handlungsverben und weitere Elemente zur Ergänzung des Verbes verlangt (wie z. B. die Angabe des Resultats oder der Richtung) (Bsp. a – c).

a. 那个新杯子被孩子打破了。
Nà ge xīn bēizi bèi háizi dǎpò le.
Das neue Glas dort ist vom Kind kaputt gemacht worden.

b. 客厅被狗弄脏了。
Kètīng bèi gǒu nòngzāng le.
Das Wohnzimmer ist von den Hunden schmutzig gemacht worden.

c. 早上买的水果都被吃光了。
Zǎoshàng mǎi de shuǐguǒ dōu bèi chīguāng le.
Das am Morgen gekaufte Obst ist komplett aufgegessen worden.

d. 饭桌上的鱼给猫吃了。
Fànzhuō shàng de yú gěi māo chī le.
Der Fisch auf dem Tisch ist von der Katze weggefressen worden.

e. 我的衣服给雨淋湿了。
Wǒ de yīfú gěi yǔ línshī le.
Meine Kleidung ist vom Regen nass geworden.

f. 你的秘密叫我知道了。
Nǐ de mìmì jiào wǒ zhīdào le.
Dein Geheimnis ist von mir entdeckt worden.

g. 树上的苹果叫人摘了。
Shù shàng de píngguǒ jiào rén zhāi le.
Die Äpfel auf dem Baum sind gepflückt worden.

h. 我的帽子让风吹走了。
Wǒ de màozi ràng fēng chuīzǒu le.
Mein Hut ist weggeweht worden.

i. 图书馆的光盘都让人借走了。
Túshūguǎn de guāngpán dōu ràng rén jièzǒu le.
Die CDs in der Bibliothek sind alle ausgeliehen worden.

受
- negativer Fall: erleiden
- positiver Fall: annehmen, bekommen

Bei einem mit 受 zu bildenden passiven Satz erleidet im negativen Fall oft das Subjekt die vom Prädikat angegebene Handlung (Bsp. j), im positiven Fall nimmt es die Bedeutung von *annehmen*, *bekommen* (Bsp. k, l) an.

j. 农民受地主压迫。
Nóngmín shòu dìzhǔ yāpò.
Die Bauern werden vom Gutsbesitzer unterdrückt.

k. 这一款手机很受大家喜爱。
Zhè yì kuǎn shǒujī hěn shòu dàjiā xǐài.
Dieses Handy-Modell ist sehr beliebt.

l. 受了天气的影响，今年花儿开的特早。
Shòule tiānqì de yǐngxiǎng, jīnnián huār kāi de tè zǎo.
Durch den Einfluss des Wetters blühen die Blumen dieses Jahr besonders früh (= bekommen die Blumen dieses Jahr besonders früh Blüten).

Übung:

1. 桌上的啤酒 _____ 喝完了。
Zhuō shàng de píjiǔ _____ hēwán le.

2. 吴京 _____ 班上同学选为代表参加比赛。
Wú Jīng _____ bānshàng tóngxué xuǎn wéi dàibiǎo cānjiā bǐsài.

3. 蛋糕已经 _____ 妹妹拿进屋去了。
Dàngāo yǐjīng _____ mèimei nájìn wū qù le.

4. 林立在学校很 _____ 欢迎。
Lín Lì zài xuéxiào hěn _____ huānyíng.

5. 他的自行车 _____ 人给偷了。
Tā de zìxíngchē _____ rén géi tōu le.

23. sagen; sprechen

告诉	gàosù	V. + V.	sagen, erzählen, mitteilen
讲	jiǎng	V.	reden, erzählen
说	shuō	V.	sprechen, sagen
谈	tán	V.	sprechen, besprechen, diskutieren

告诉	• wissen lassen:	+ Person + Sachverhalt
讲	• reden:	跟 + Person + Sachverhalt
说	• sagen:	跟 + Person + Sachverhalt
谈	• verhandeln:	跟 + Person + Sachverhalt
	• wechselseitig	

Die grundlegende Bedeutung von 告诉 ist *jmdn. etwas wissen lassen*. Das indirekte Objekt des Verbs 告诉 ist in der Regel eine Person (Bsp. a – c) und steht unmittelbar hinter 告诉. 告诉 kann auch mit 说 oder 讲 umschrieben werden, semantisch entspricht dies Bsp. a).

你去跟他们说/讲车子来了。
Nǐ qù gēn tāmen shuō/jiǎng chēzi lái le.

Das indirekte Objekt des Verbs 说 oder 讲 muss syntaktisch stets mithilfe der Präposition 跟 (gēn) realisiert werden.

In der Bedeutung von *erzählen, sprechen* sind 说 und 讲 als Synonym zu betrachten (Bsp. d, e, i, j). In den Fällen, dass 说 *sagen* bedeutet, ist 说 nicht durch 讲 ersetzbar (Bsp. h).

Im Gebrauch 讲情面 (Bsp. f) und 讲价 (Bsp. g) bedeutet 讲 *reden* im Sinne von „handeln" und kann hierbei nicht durch 说 ersetzt werden.

Bei 谈 handelt es sich im Vergleich zu 说 und 讲 um einen wechselseitigen Sprechvorgang (Bsp. k – m).

a. 你去告诉他们车子来了。
Nǐ qù gàosù tāmen chēzi lái le.
Teile ihnen mit, dass das Auto schon gekommen ist.

b. 我不会把这个秘密告诉他的。
Wǒ bú huì bǎ zhè ge mìmì gàosù tā de.
Ich werde ihm von dem Geheimnis nichts erzählen.

c. 一有他的消息，就告诉我一声！
Yì yǒu tā de xiāoxí, jiù gàosù wǒ yì shēng.
Gib mir sofort Bescheid, sobald du etwas von ihm hörst!

d. 小时候，妈妈总是在睡觉前给我讲故事。
Xiǎoshíhòu, māma zǒngshì zài shuìjiào qián gěi wǒ jiǎng gùshì.
Als Kind erzählte mir meine Mutter vor dem Einschlafen immer eine Geschichte.

e. 这部电影是讲中国历史的。
Zhè bù diànyǐng shì jiǎng Zhōngguó lìshǐ de.
Dieser Film erzählt von der chinesischen Geschichte.

f. 这个人做事一点都不讲情面。
Zhè ge rén zuòshì yì diǎn dōu bù jiǎng qíngmiàn.
Beim Handeln nimmt er gar keine Rücksicht auf zwischenmenschliche Beziehungen.

g. 在中国买东西一般是可以讲价的。
Zài zhōngguó mǎi dōngxī yìbān shì kěyǐ jiǎngjià de.
Beim Einkauf in China kann man normalerweise über den Preis verhandeln.

h. 她说不参加明天的聚会。
Tā shuō bù cānjiā míngtiān de jùhuì.
Sie sagt, dass sie nicht an dem morgigen Treffen teilnimmt.

i. 你说说你对这件事儿的看法吧！
Nǐ shuōshuō nǐ duì zhè jiàn shì de kànfǎ ba!
Sag mal deine Meinung zu dieser Sache!

j. 你们谁会说上海话？
Nǐmen shéi huì shuō shànghǎi huà?
Wer von euch kann Shanghai-Dialekt sprechen?

k. 林秘书今天早上跟老板谈了两个多小时的话。
Lín mìshū jīntiān zǎoshàng gēn lǎobǎn tánle liǎng ge duō xiǎoshí de huà.
Sekretär Lin hat heute Morgen über zwei Stunden lang mit dem Chef gesprochen.

l. 昨晚的政论节目谈了中德关系的发展现况。
Zuówǎn de zhènglùn jiémù tánle Zhōngdé guānxī de fāzhǎn xiànkuàng.
In der politischen Debatte des gestrigen Programmes wurde über die aktuelle Situation der Entwicklung der chinesisch-deutschen Beziehungen diskutiert.

m. 专家今天要谈如何吃得健康。
Zhuānjiā jīntiān yào tán rúhé chī de jiànkāng.
Der Experte will heute darüber reden, wie man sich gesund ernähren kann.

Übung:

1. 上课了，安静点儿！别 _____ 话了！
Shàngkè le, ānjìng diǎnr! bié _____ huà le!

2. 我有件事情要 _____ 你，请过来一下！
Wǒ yǒu jiàn shìqíng yào _____ nǐ, qǐng gàolái yíxià!

3. 你昨天跟老板 _____ 得怎么样？
Nǐ zuótiān gēn lǎobǎn _____ de zěnmeyàng?

4. 老师很认真地跟我们 _____ 中国历史。
Lǎoshī hěn rènzhēn de gēn wǒmen _____ zhōngguó lìshǐ.

5. 李龙 _____ 他一点都不了解你。
Lǐ lóng _____ tā yìdiǎn dōu bù liǎojiě nǐ.

24. schicken; senden

寄 jì	V.	senden, schicken
派 pài	V.	einsetzen, entsenden, schicken
送 sòng	V.	schicken, bringen, schenken

寄	• Brief, Paket
派	• Person
送	• Person, Gegenstände

寄 bedeutet *senden* oder *schicken* und ist nur für Gegenstände verwendbar (Bsp. a – c).

派 bedeutet *schicken* im Sinne von „entsenden oder einsetzen" und wird in der Regel für Personen gebraucht (Bsp. d, e).

Die Bedeutung von 送 ist im Vergleich dazu vielfältiger. 送 bedeutet *schicken, schenken, bringen, abliefern* und *begleiten* und verlangt entweder eine Person oder einen Gegenstand als direktes Objekt:

送 + Person: je nach Kontext ist 送 als *schicken*, *begleiten*, *bringen* (Bsp. f, g) zu deuten.

送 + Gegenstand: 送 ist als *bringen, schenken* oder *abliefern* (Bsp. h – j) zu interpretieren.

a. 你把这封信给他寄去吧！
Nǐ bǎ zhè fēng xìn gěi tā jì qù ba!
Schick ihm diesen Brief.

b. 他家人从西安给他寄了个包裹来。
Tā jiārén cóng xī'ān gěi tā jìle ge bāoguǒ lái.
Seine Familie hat ihm ein Päckchen aus Xi`an gesendet.

c. 在城里打工的小红每个月都把钱寄给农村的父母。
Zài chénglǐ dǎgōng de Xiǎohóng měi ge yuè dōu bǎ qián jì gěi nóngcūn de fùmǔ.
Die in der Stadt arbeitetende kleine Hong schickt jeden Monat Geld an ihre Eltern auf dem Land.

d. 今年公司派老李到德国出差。
Jīnnián gōngsī pài Lǎolǐ dào Déguó chūchāi.
Dieses Jahr wird Herr Li von der Firma nach Deutschland zu einer Dienstreise gesandt.

e. 每所大学必须派代表出席大会。
Měi suǒ dàxué bìxū pài dàibiǎo chūxí dàhuì.
Jede Universität muss seine Repräsentanten auf die Konferenz schicken.

f. 我送你去车站吧！
Wǒ sòng nǐ qù chēzhàn ba!
Ich bringe dich zum Bahnhof!

g. 他小时候就被送到美国念书。
Tā xiǎoshíhòu jiù bèi sòngdào měiguó niànshū.
Schon als Kind wurde er zur Schule in die USA geschickt.

h. 你把这篮苹果给他送去。
Nǐ bǎ zhè lán píngguǒ gěi tā sòngqù.
Nimm diesen Korb von Äpfeln und bringe sie ihm.

i. 妈妈的生日就快到了，我们得想一想送给她什么礼物。
Māma de shēngrì jiù kuài dào le, wǒmen děi xiǎng yì xiǎng sòng gěi tā shénme lǐwù.
Bald hat Mutter Geburtstag. Wir müssen uns überlegen, was wir ihr schenken.

j. 邮差把信送来了！
Yóuchāi bǎ xìn sòng lái le!
Der Briefträger hat uns die Briefe zugestellt!

Übung:

1. 工人 _____ 来了做好的黑板。
   Gōngrén _______ láile zuòhǎo de hēibǎn.

2. 我们班 _____ 陈同学参加英语讲演比赛。
   Wǒmen bān _______ Chén tóngxué cānjiā yīngyǔ jiǎnyǎn bǐsài.

3. 他 _____ 出的生日礼物邮差还没 _____ 到呢！
   Tā _______ chū de shēngrì lǐwù yóuchāi hái méi _______ dào ne!

4. 昨晚是谁 _____ 你回家的？
   Zuówǎn shì shéi _______ nǐ huíjiā de?

25. tragen

搬	bān	V.	tragen, umziehen
扛	káng	V.	tragen
提	tí	V.	tragen, aufheben, erwähnen

搬	• mit beiden Händen tragen
扛	• auf den Schultern oder dem Rücken tragen
提	• mit einer Hand tragen

搬, 扛 und 提 werden mit *tragen* übersetzt. Sie unterscheiden sich aber durch die Art und Weise, wie etwas getragen wird.

Bei der Verwendung von 搬 wird „mit beiden Händen getragen" (Bsp. a, c).

Bei 扛 wird etwas „auf den Schultern oder dem Rücken getragen" (Bsp. e – g).

Bei 提 wird etwas „mit einer Hand getragen bzw. aufgehoben" (Bsp. h, i).

搬 wird noch in weiteren Kontexten verwendet, wie z. B. beim Umzug (Bsp. c),

搬家	bānjiā	• umziehen

oder als feste, nicht durch andere Verben zu ersetzende Verbindung im Wort „Großbildschirm, Großleinwand, Leinwand" (Bsp. b)

搬上银幕	bānshàng yínmù	• verfilmen

Achtung:
Im erweiterten Sinne wird 扛 für den abstrakten Begriff „Verantwortung tragen" verwendet, 扛责任 **káng** zérèn (Bsp. g), der ebenfalls eine feste Verbindung darstellt.

提 hat auch die Bedeutung von *erwähnen* (Bsp. j, k), wobei 提问题 **tí** wèntí eine *Frage stellen* (Bsp. k) ebenfalls eine feste Verbindung ist.

Feste Verbindungen:

Verben	Substantive
搬上	银幕
扛	责任
提	问题

a. 把这张书桌搬到外边去吧！
Bǎ zhè zhāng shūzhuō bāndào wàibiān qù ba!
Trag diesen Schreibtisch nach draußen!

b. 这部著名的小说明年将被搬上银幕。
Zhè bù zhùmíng de xiǎoshuō míngnián jiāng bèi bānshàng yínmù.
Der berühmte Roman wird im nächsten Jahr auf die Leinwand gebracht.

c. 搬家时，我们会请搬运工人来帮忙搬家具。
Bānjiā shí wǒmen huì qǐng bānyùn gōngrén lái bāngmáng bān jiājù.
Beim Umzug werden wir uns Hilfskräfte holen, um die Möbel zu tragen.

d. 同事因为调了职了,所以就搬离北京了。
Tóngshì yīnwèi diàole zhí le, suǒyǐ jiù bānlí Běijīng le.
Der Kollege ist aus Beijing weggezogen, weil er versetzt worden ist.

e. 他扛着一袋米走回家。
Tā kángzhe yí dài mǐ zǒu huíjiā.
Er trägt einen Sack Reis und geht zu Fuß nach Hause.

f. 这台冰箱太重，你一个人扛不上去的！
Zhè tái bīngxiāng tài zhòng, nǐ yígerén káng bú shàngqù de.
Dieser Kühlschrank ist zu schwer. Du schaffst es nicht, ihn alleine hochzutragen!

g. 出了这样的问题，责任谁来扛呢？
Chūle zhèyàng de wèntí, zérèn shéi lái káng ne?
Ein Problem ist aufgetreten. Wer wird die Verantwortung tragen?

h. 这个行李箱太重了，我提吧！
Zhè ge xínglǐxiāng tài zhòng le, wǒ tí ba!
Der Koffer ist zu schwer, lass mich ihn tragen!

i. 他用一只手就能把这辆自行车<u>提</u>起来。
Tā yòng yì zhī shǒu jiù néng bǎ zhè liàng zìxíngchē <u>tí</u> qǐlái.
Er braucht nur eine Hand, um das Fahrrad aufheben zu können.

j. 别在他面前<u>提</u>他前妻的名字！
Bié zài tā miànqián <u>tí</u> tā qiánqī de míngzi!
Erwähne ihm gegenüber bloß nicht den Namen seiner Ex-Frau!

k. 报告结束后，留半小时给听众<u>提</u>问题。
Bàogào jiéshù hòu, liú bàn ge xiǎoshí gěi tīngzhòng <u>tí</u> wèntí.
Nach dem Vortrag haben die Zuhörer eine halbe Stunde Zeit, ihre Fragen zu stellen.

Übung:

1. 护士从外面 _____ 一桶水进病房来。
Hùshì cóng wàimiàn _____ yì tǒng shuǐ jìn bìngfáng lái.

2. 请把这几张椅子 _____ 到花园去。
Qǐng bǎ zhè zhāng yǐzi _____dào huāyuán qù.

3. 这个书架我 _____ 不上楼去。
Zhè ge shūjià wǒ _____ bú shàng lóu qù.

4. 妈妈手里 _____ 着两大袋食品回家。
Māma shǒulǐ _____zhē liǎng dà dài shípǐn huíjiā.

26. sich treffen

见面	jiànmiàn	V. + Objekt	sich treffen
聚会	jùhuì	V. + V.	sich treffen, zusammentreffen

见面	• geplant	• kleine Anzahl	
聚会	• organisiert	• große Anzahl	• bestimmter Zweck

见面 bezeichnet ein beabsichtiges, geplantes Treffen (Bsp. a, b). Der Ausdruck 见面 besteht aus dem Verb *sehen* 见 und dem Objekt *Gesicht* 面, ist ein V. O.-Verb, daher muss das Objekt (z. B. Freunde 朋友 in Bsp. a) mithilfe der Präposition 跟 (gēn) ausgedrückt werden.

Achtung:
Der folgende Satz, in dem das direkte Objekt hinter dem Verb 见面 steht, gilt als ungrammatisch.

* 我在咖啡馆见面朋友。
Wǒ zài kāfēiguǎn jiànmiàn péngyǒu.
Ich treffe mich mit Freunden in einem Cafè.

Korrekt:

我跟朋友在咖啡馆见面。
Wǒ gēn péngyǒu zài kāfēiguǎn jiànmiàn.

聚会 bezeichnet ein organisiertes Treffen zu einem bestimmten Zweck in einem Raum und unterscheidet sich von 见面 dadurch, dass die Anzahl der an dem Treffen beteiligten Personen bei 聚会 in der Regel mehr als drei ist (Bsp. c, d). 聚会 kann auch als Substantiv verwendet werden (Bsp. e, f), 见面 jedoch nicht.

a. 今天下午我跟朋友在咖啡馆见面。
Jīntiān xiàwǔ wǒ gēn péngyǒu zài kāfēiguǎn jiànmiàn.
Heute Nachmittag treffe ich mich mit Freunden im Café.

b. 明天有没有空？咱们<u>见</u>个<u>面</u>吧！
Míngtiān yǒu méi yǒu kòng? Zánmen <u>jiàn</u> ge <u>miàn</u> ba?
Hast du morgen Zeit? Lass uns dann mal treffen!

c. 我们几个好朋友经常<u>聚会</u>。
Wǒmen jǐ ge hǎo péngyǒu jīngcháng <u>jùhuì</u>.
Wir Freunde treffen uns regelmäßig.

d. 跟老朋友聚会畅谈，格外开心。
Gēn lǎo péngyǒu <u>jùhuì</u> chàngtán, géwài kāixīn.
Mich mit Freunden zu treffen und zu plaudern machte mir viel Spaß.

e. 参加今晚的<u>聚会</u>必须穿晚礼服。
Cānjiā jīnwǎn de <u>jùhuì</u> bìxū chuān wǎnlǐfú.
Beim Treffen heute Abend muss man im Abendkleid erscheinen.

f. 在昨晚的<u>聚会</u>上你看见了林太太吗？
Zài zuówǎn de <u>jùhuì</u> shàng nǐ kànjiànle Lín tàitài ma?
Hast du Frau Lin auf dem Treffen gestern Abend gesehen?

Übung:

1. 初次 _____，请多指教！
Chūcì _____, qǐng duō zhǐjiào!

2. 我今天约了几个好友 _____ 喝咖啡，你要一起来吗？
Wǒ jīntián yuēle jǐ ge hǎoyǒu _____ hē kāfēi, nǐ yào yìqǐ lái ma?

3. 昨天我约了教授，可是没跟他 ___ 到 ___ 。
Zuótiān wǒ yuēle jiàoshòu, kěshì méi gēn tā _____ dào _____.

4. 从学校毕业后，同学们就很难再 _____ 在一起。
Cóng xuéxiào bìyè hòu, tóngxuémen jiù hěn nán zài _____ zài yìqǐ.

27. üben; einüben

练习	liànxí	V. + V.	einüben, üben
训练	xùnliàn	V. + V.	ausbilden, einüben, trainieren

练习	• ohne Betreuung eines Trainers
训练	• unter Betreuung bzw. Leitung eines Trainers

练习 drückt das Üben ohne Betreuung des Trainers aus (Bsp.a, b), hingegen bezeichnet 训练 das Üben bzw. Trainieren unter Betreuung bzw. Anleitung eines Trainers (Bsp. c, d).

a. 为了把汉语学好，他每天花至少一个小时的时间练习汉字。
Wèile bǎ hànyǔ xuéhǎo, tā měitiān huā zhìshǎo yí ge xiǎoshí de shíjiān liànxí hànzì.
Um Chinesisch erfolgreich zu lernen, verwendet er täglich mindestens eine Stunde Zeit, um chinesische Schriftzeichen zu üben.

b. 不断地练习是这个球队赢得比赛的原因。
Búduàn de liànxí shì zhè ge qiúduì yíngdé bǐsài de yuányīn.
Ununterbrochenes Üben ist der Grund dafür, dass diese Mannschaft das Spiel gewonnen hat.

c. 他的职业是训练狗。
Tā de zhíyè shì xùnliàn gǒu.
Sein Beruf ist es, Hunde zu trainieren.

d. 王经理除了管理公司业务之外，还必须训练新人。
Wáng jīnglǐ chúle guǎnlǐ gōngsī yèwù zhīwài, hái bùxū xùnliàn xīnrén.
Neben dem Management der Firma muss Herr Wang auch noch die neuen Mitarbeiter ausbilden.

Übung:

1. 体育课时，老师用跑步 _____ 学生的体力。
   Tǐyùkè shí, lǎoshī yòng pǎobù _______ xuéshēng de tǐlì.

2. 汉语发音不容易，必须经常 _____。
   Hànyǔ fāyīn bù róngyì, bìxū jīngcháng _______.

28. sich verabschieden

告别	gàobié	V. + V.	sich verabschieden
离别	líbié	V. + V.	sich trennen, verlassen, sich verabschieden

告别	• Vorgang des Verabschiedens
离别	• Trennung nach dem Verabschieden

Mit 告别 wird der Moment bzw. der Vorgang des Verabschiedens an sich zum Ausdruck gebracht (Bsp. a – c).

Im Vergleich dazu liegt der Fokus bei 离别 auf der Trennung nach dem Verabschieden (Bsp. d – f).

a. 宴会后来宾纷纷跟主人握手告别。
Yànhuì hòu láibīn fēnfēn gēn zhǔrén wòshǒu gàobié.
Nach der Party geben die Gäste dem Gastgeber zum Abschied die Hände.

b. 他给我送来一个包裹以后，就匆匆告别了。
Tā gěi wǒ sònglái yí ge bāoguǒ hòu, jiù cōngcong gàobié le.
Nachdem er mir ein Päckchen brachte, verabschiedete er sich sofort ganz eilig.

c. 车上的学童们挥手向目送他们的父母告别。
Chēshàng de xuétóngmen huīshǒu xiàng mùsòng tāmen de fùmǔ gàobié.
Die kleinen Schüler im Wagen verabschieden sich winkend von ihren Eltern, die ihnen mit ihren Augen folgen.

d. 他们兄弟离别了十多年，今天又再度相聚非常开心。
Tāmen xiōngdì líbié le shí duō nián, jīntiān yòu zàidù xiāngjù fēicháng kāixīn.
Die beiden Brüder waren über zehn Jahre getrennt; heute haben sie sich wieder getroffen und sind daher sehr glücklich.

e. 他离别家乡不到五年的时间，那儿就有了巨大的变化。
Tā líbié jiāxiāng búdào wǔnián de shíjiān, nàer jiù yǒule jùdà de biànhuà.
Er hat seine Heimat vor nicht einmal fünf Jahren verlassen und schon hat es sich dort gewaltig verändert.

f. 离别的时候大家都是依依不舍的。
Líbié de shíhòu, dàjiā dōu shì yīyī bùshě de.
Beim Abschied sind alle wehmütig.

Übung:

1. 几天密集的相处后，_____ 时大家都难过得哭了。
Jǐ tiān mìjí de xiāngchǔ hòu, ______ shí dàjiā dōu nánguò de kū le.

2. _____ 母校已经两年了，一切还是多么的熟悉啊！
______ mǔxiào yǐjīng liǎng nián le, yíqiè háishì duōme de shúxī a!

3. 会后，大家相互拥抱 _____。
Huì hòu, dàmjiā xiānghù yǒngbào ______.

4. 他 _____ 了家乡，往城里去了。
Tā ______ le jiāxiāng, wǎng chéng lǐ qù le.

29. verbessern

改良 gǎiliáng	V. + Adj.	verbessern, veredeln, reformieren
改善 gǎishàn	V. + Adj.	verfeinern, verbessern

改良	• Gegenstände, Dinge
改善	• Sachverhalte, Situationen

改良 und 改善 bedeuten beide *verbessern*. Sie unterscheiden sich aber dadurch, dass 改良 immer Gegenstände oder Dinge als Objekt verlangt (Bsp. a – c), hingegen benötigt 改善 einen Sachverhalt oder eine Situation als Objekt (Bsp. d – f).

a. 公司计划<u>改良</u>现有产品，以提高竞争力。
Gōngsī jìhuà <u>gǎiliáng</u> xiànyǒu chǎnpǐn, yǐ tígāo jìngzhēnglì.
Die Firma plant die vorhandenen Produkte zu verbessern, um die Konkurrenzfähigkeit zu erhöhen.

b. 农民<u>改良</u>农作物的品种，以达到高产量的目标。
Nóngmín <u>gǎiliáng</u> nóngzuòwù de pǐnzhǒng, yǐ dádào gāochǎnliàng de mùbiāo.
Die Bauern veredeln das Saatgut, um ein hohes Ertragsziel zu erreichen.

c. 这件<u>改良</u>式的旗袍穿着十分高尚。
Zhè jiàn <u>gǎiliáng</u>shì de qípáo chuānzhe shífēn gāoshàng.
Der veredelte Qipao trägt sich sehr elegant.

d. 为了<u>改善</u>家里的生活，小龙的父母都离开农村到城里的工厂工作。
Wèile <u>gǎishàn</u> jiālǐ de shēnghuó, Xiǎolóng de fùmǔ dōu líkāi nóngcūn dào chénglǐ de gōngchǎng gōngzuò.
Um das Leben der Familie zu verbessern, verließen Xiao Longs Eltern das Bauerndorf, um in der Stadt in einer Fabrik zu arbeiten.

e. 员工要求老板<u>改善</u>工作条件。
Yuángōng yāoqiú lǎobǎn <u>gǎishàn</u> gōngzuò tiáojiàn.
Die Mitarbeiter verlangen vom Chef, die Arbeitsbedingungen zu verbessern.

f. 怎样<u>改善</u>睡眠质量是很多人都关心的话题。
Zěnyàng <u>gǎishàn</u> shuìmián zhíliàng shì hěnduō rén guānxīn de huàtí.
Wie man die Schlafqualität verbessert, ist für viele Menschen ein wichtiges Thema.

Übung:

1. 政治家应该设法 ______ 贫富不均的状况。
Zhèngzhìjiā yīnggāi shèfǎ _______ pínfù bùjūn de zhuàngkuàng.

2. 这部机器 ______ 后，将能更有效的运作。
Zhè bù jīqì _______ hòu, jiāng néng gèng yǒuxiào de yùnzuò.

3. 不 ______ 我们的生活环境，以后的生态将会有更多的问题。
Bù _______ wǒmen de shēnghuó huánjìng, yǐhòu de shēngtài jiāng huì yǒu gèng duō de wèntí.

4. 这种西红柿是经过 ______ 的品种。
Zhè zhǒng xīhóngshì shì jīngguò _______ de pǐnzhǒng.

30. verlieren

丢失	diūshī	V. + V.	verlorengegangen, verlieren
失去	shīqù	V. + V.	einbüßen, verlieren
输	shū	V.	verlieren
损失	sǔnshī	V. + V.	verlieren

丢失	• konkrete Objekte, fassbares Material
失去	• abstrakte Objekte, Menschen
输	• beim Spiel/Krieg/Wettkampf
损失	• Schaden

Der Gebrauch von 丢失 bezieht sich immer auf konkrete Objekte bzw. fassbares Material (Bsp. a – c); hingegen bezieht sich 失去 auf Menschen (Bsp. d) und abstrakte Objekte z. B. Vertrauen, Zuversicht (Bsp. e, f).

输 kommt bei einer Niederlage in einem Spiel, im Krieg oder beim Wettkampf zum Gebrauch (Bsp. g – i).

损失 bezeichnet einen verlustreichen Schaden (Bsp. j – l) und bedeutet semantisch auch *Verlust* (Bsp. k).

a. 王老板在旅途中丢失了他的钱包。
Wáng lǎobǎn zài lǚtú zhōng diūshīle tā de qiánbāo.
Der Chef Wang hat auf der Reise sein Portemonnaie verloren.

b. 战争期间许多人丢失了他们的家产。
Zhànzhēng qíjiān xǔduō rén diūshīle tāmen de jiāchǎn.
Während des Krieges haben viele Leute ihr Familienvermögen verloren.

c. 她偶然找到了那封丢失已久的信。
Tā ǒurán zhǎodàole nà fēng diūshī yǐjiǔ de xìn.
Sie hat zufällig den längst verloren geglaubten Brief wiedergefunden.

d. 人总在<u>失去</u>了某人以后，才知道他的珍贵。
Rén zǒng zài <u>shīqù</u>le mǒurén yǐhòu, cái zhīdào tā de zhēnguì.
Man erkennt oft erst den Wert eines Menschen, wenn man ihn verloren hat.

e. 几次的尝试失败后，他以经<u>失去</u>了信心。
Jǐ cì de chángshì shībài hòu, tā yǐjīng <u>shīqù</u>le xìnxīn.
Nach einigen misslungenen Versuchen verlor er bereits die Zuversicht.

f. 不遵守诺言的人很快就会<u>失去</u>别人的信任。
Bù zūnshǒu nuòyán de rén hěn kuài jiù huì <u>shīqù</u> biérén de xìnrèn.
Wer sein Wort nicht hält, wird bald das Vertrauen der Anderen verlieren.

g. 这次足球比赛北大学生队以0:1<u>输</u>给了留学生队。
Zhè cì zúqiú bǐcài běijīng dàxuéduì yǐ 0:1 <u>shū</u> gěile lú xuéshēng duì.
Bei diesem Fußballspiel hat die Mannschaft der Beijing-Universität mit 0:1 gegen die Mannschaft der ausländischen Studenten verloren.

h. 王伯伯好赌，把家里的财产都输光了。
Wáng bōbo hàodǔ, bǎ jiā lǐ de cáichǎn dōu <u>shū</u>guāng le.
Onkel Wang spielt gerne mit Geld und hat das gesamte Vermögen seiner Familie verloren.

i. <u>输</u>了这一局，下一局我一定赢回来。
<u>Shū</u>le zhè yì jú, xià yì jú wǒ yídìng yíng huílái.
Das Spiel habe ich verloren, das nächste Spiel will ich unbedingt gewinnen.

j. 经理一个错误的决策使公司<u>损失</u>了一大笔钱。
Jīnglǐ yí ge cuòwù de juécè shǐ gōngsī <u>sǔnshī</u>le yí dà bǐ qián.
Ein falscher Operationsplan des Managers hat dazu geführt, dass die Firma eine große Geldsumme verloren hat.

k. 投资这项工程，将会给公司带来极大的损失。
Tóuzī zhè xiàng gōngchéng, jiāng huì gěi gōngsī dàilái jídà de <u>sǔnshī</u>.
In dieses Projekt zu investieren wird der Fima einen riesigen Verlust bringen.

l. 在这次的水灾中，农民<u>损失</u>惨重。
Zài zhè cì de shuǐzāi zhōng, nóngmín <u>sǔnshī</u> cǎnzhòng.
Bei dieser Hochwasserkatastrophe haben die Bauern viel verloren.

Übung:

1. 这么做对你来说没什么 _____ 吧？
   Zhème zuò duì nǐ láishuō méi shénme _______ ba?

2. 林经理把公司的重要资料 _____ 了？
   Lín jīnglǐ bǎ gōngsī de zhòngyào zīliào _______ le?

3. 昨天和小宋打乒乓球，结果我 _____ 给他了。
   Zuótiān hé Xiǎo Sòng dǎ pīnpāngjiú, jiéguǒ wǒ _______ gěi tā le.

4. 别等到 _____ 了健康后，才知道它的可贵。
   Bié děngdào _______le jiànkāng hòu, cái zhīdào tā de kěguì.

5. 学校没做好教育就是国家的 _____。
   Xuéxiào méi zuòhǎo jiàoyù juì shì guójiā de ______.

31. sich versammeln

集合 jíhé	V. + V.	sich versammeln
集会 jíhuì	V. + V.	sich versammeln, zusammentreffen

集合	• eine lose Gruppe von Menschen
集会	• politischer Zweck

集合 drückt eine lose Versammlung von Menschen aus (Bsp. a, b). Sollte der Anlass einer öffentlichen Versammlung allerdings einen politischen Zweck haben, wird 集会 verwendet (Bsp. c, d).

a. 参加郊游的人明天早上八点在校门口集合。
Cānjiā jiāoyóu de rén míngtiān zǎoshàng bādiǎn zài xiàoménkǒu jíhé.
Die an dem Ausflug teilnehmenden Leute treffen sich morgen früh um 8 Uhr vor dem Schuleingang.

b. 导游说午饭后在我们的巴士那儿集合。
Dǎoyóu shuō wǔfàn hòu zài wǒmen de bāshì nàr jíhé.
Der Reiseleiter sagte, dass wir uns nach dem Mittagessen bei unserem Reisebus treffen.

c. 在民主国家人民有集会结社自由。
Zài mínzhǔ guójiā rénmín yǒu jíhuì jiéshè zìyóu.
In demokratischen Ländern haben die Völker Versammlungs- und Koalitionsfreiheit.

d. 反对政府此一政策的群众这个周末将在市中心的广场上集会。
Fǎnduì zhèngfǔ cǐ yí zhèngcè de qúnzhòng zhè ge zhōumò jiāng zài shìzhōngxīn de guǎngchǎng shàng jíhuì.
Die gegen die Politik der Regierung protestierenden Menschen werden sich an diesem Wochenende auf dem Platz im Stadtzentrum versammeln.

Übung:

1. 参加表演的人，请在后台 ______。
Cānjiā biǎoyǎn de rén, qǐng zài hòutái ______.

2. 支持环境保护活动的人中午会在这儿 ______。
Zhīchí huánjìng bǎohù huódòng de rén zhōngwǔ huì zài zhèr ______.

32. verstehen

理解	lǐjiě	V. + V.	begreifen, erfassen, verstehen
了解	liǎojiě	V. + V.	begreifen, verstehen

理解	• **tiefgreifend**
了解	• **oberflächlich**

Beim tiefgreifenden, umfassenden Verständnis von Situationen, Erklärungen, Aussagen oder **einem Verhalten** wird 理解 verwendet (Bsp. a – d).

Hingegen wird bei 了解 eine Sachlage lediglich oberflächlich im Sinne von „sich auskennen" verstanden (Bsp. e – i).

a. 这个句子的意思我完全不能理解。
Zhè ge jùzi de yìsi wǒ wánquán bù néng lǐjiě.
Die Bedeutung des Satzes kann ich gar nicht erfassen.

b. 这个孩子对数学的理解力特强。
Zhè ge háizi duì shùxué de lǐjiělì tè qiáng.
Das Kind hat in Mathematik eine schnelle Auffassungsgabe.

c. 我无法理解为什么你这样处理这件这么重要的事。
Wǒ wúfǎ lǐjiě wèishenéme nǐ zhèyàng chǔlǐ zhè jiàn zhème zhòngyào de shì.
Ich verstehe nicht, warum du diese so wichtige Sache auf diese Art behandelst.

d. 他的行为很难理解。
Tā de xíngwéi hěn nán lǐjiě.
Sein Verhalten ist sehr schwer zu verstehen.

e. 没有人比他母亲更了解他的性格。
Méiyǒu rén bǐ tā mǔqīn gèng liǎojiě tā de xìnggé.
Niemand kennt seine Persönlichkeit so gut wie seine Mutter.

f. 对这事的情况我还不很了解。
Duì zhè shì de qíngkuàng wǒ hái bù hěn liǎojiě.
Ich kenne mich mit dem Sachverhalt noch nicht gut aus.

g. 你对中国历史很了解吗？
Nǐ duì Zhōngguó lìshǐ hěn liǎojiě ma?
Kennst du dich mit der chinesischen Geschichte gut aus?

h. 我不了解你这句话的意思。
Wǒ bù liǎojiě nǐ zhè jù huà de yìsi.
Ich verstehe nicht, was du damit sagen willst.

i. 人都有被了解的渴望。
Rén dōu yǒu bèi liǎojiě de kěwàng.
Jeder Mensch hat den Wunsch verstanden zu werden.

Übung:

1. 我 _____ 你，但不 _____ 你对这件事的做法。
Wǒ _____ nǐ, dàn bù _____ nǐ duì zhè jiàn shì de zuòfǎ.

2. 为了让同学 _____，老师举了很多例子。
Wèile ràng tóngxué _____, lǎoshī jǔle hěn duō lìzi.

3. 小孩子们还不能 _____ 时间是什么。
Xiǎoháizimen hái bù néng _____ shíjiān shì shénme.

4. 我 _____ 不同文化之间的差异。
Wǒ _____ bù tóng wénhuà zhījiān de chàyì.

33. vertrauen

信任 xìnrèn	V. + V.	vertrauen, sich auf jn. verlassen
相信 xiāngxìn	V. + V.	glauben, vertrauen, überzeugt sein

信任	• Menschen
相信	• Menschen, Sachverhalte

信任 bezeichnet Vertrauen im Sinne von „sich auf jemanden verlassen" (Bsp. a – c) und bezieht sich stets auf einen Menschen als Objekt.

相信 drückt Vertrauen im Sinne von „überzeugt sein" aus (Bsp. d – f) und beruht auf einer visuellen oder akustischen Wahrnehmung. Das Objekt von 相信 können Menschen oder Sachverhalte sein.

a. 雇主若不信任雇员，那么关系就会产生危机。
Gùzhǔ ruò bú xìnrèn gùyuán, nàme guānxī jiù huì chǎnshēng wéijī.
Wenn der Arbeitgeber seinem Arbeitnehmer nicht vertraut, dann bringt es ihre Beziehung in eine Krise.

b. 她先生十分不信任她，所以派人跟踪她。
Tā xiānshēng shífēn bú xìnrèn tā, suǒyǐ pài rén gēnzōng tā.
Ihr Mann vertraut ihr nicht richtig, daher lässt er sie verfolgen.

c. 经过了这些事，我终于看清了谁是可以信任的了。
Jīngguòle zhè xiē shì, wǒ zhōngyú kànqīngle shéi shì kěyǐ xìnrèn de le.
Nach diesen Geschehnissen habe ich endlich klar gesehen, wem ich vertrauen kann.

d. 她被骗过几次之后，就不再相信任何人了。
Tā bèi piànguò jǐ cì hòu, jiù bú zài xiāngxìn rènhé rén le.
Nachdem sie einige Male betrogen wurde, schenkt sie niemandem mehr ihr Vertrauen.

e. 父母应该教导孩子们<u>相信</u>自己。
Fùmǔ yīnggāi jiāodǎo háizimen <u>xiāngxìn</u> zìjǐ.
Die Eltern sollen den Kindern beibringen, sich selbst etwas zuzutrauen.

f. 你<u>相信</u>他说的故事是真的吗？
Nǐ <u>xiāngxìn</u> tā shuō de gùshì shì zhēn de ma?
Glaubst du, dass die von ihm erzählte Geschichte wahr ist?

Übung:

1. 我不 _____ 你不害怕，如果整个地铁车厢只有你一人。
Wǒ bù _____ nǐ bú hàipà, rúguǒ zhěng ge dìtiě chēxiāng zhǐ yǒu nǐ yígerén.

2. 老板 _____ 他，所以把这个任务交给他。
Lǎobǎn _____ tā, suǒyǐ bǎ zhè ge rènwù jiāo gěi tā.

3. 我很难 _____ 狗会爬树。
Wǒ hěn nán _____ gǒu huì páshù.

4. 感谢您 _____ 我们公司，并且与我们合作。
Gǎnxiè nín _____ wǒmen gōngsī, bìngqiě yǔ wǒmen hézuò.

34. vorführen

表演	biǎoyǎn	V. + V.	aufführen, spielen
演唱	yǎnchàng	V. + V.	(vor dem Publikum) singen
演戏	yǎnxì	V. + N.	schauspielern
演奏	yǎnzòu	V. + V.	(auf einem Instrument) spielen

表演	• Oberbegriff
演唱	• Gesangsvorführung
演戏	• Theater spielen, Schauspielern
演奏	• Musikvorführungen

表演 ist der Oberbegriff für alle Arten von Spielen vor dem Publikum (Bsp. a, b). In 演唱, 演戏 und 演奏 wird die Art von Spielen jeweils durch die zweite Komponente *singen* 唱, *Theaterspiel* 戏 und *ein Musikstück vortragen* 奏 bestimmt:

演唱 bezeichnet Gesangsvorführungen (Bsp. c, d), 演戏 Drama-Aufführungen bzw. Schauspielern (Bsp. e, f) und 演奏 Musikvorführungen (Bsp. g, h).

a. 李东今晚在国家剧院表演相声。
Lǐ Dōng jīnwǎn zài guójiā jùyuàn biǎoyǎn xiàngshēng.
Li Dong hat heute Abend eine Xiangsheng-Aufführung in der staatlichen Oper.

b. 校庆时，每个班必须表演一个节目。
Xiàoqìng shí, měi ge bān bìxū biǎoyǎn yí ge jiémù.
Auf der Schulfeier muss jede Klasse ein Programmstück beitragen.

c. 这名歌手比赛时，演唱了一首中国民谣。
Zhè míng gēshǒu bǐsài shí, yǎnchàngle yì shǒu zhōngguó mínyáo.
Beim Wettbewerb hat der Sänger ein chinesisches Volkslied gesungen.

d. 为大家演唱歌曲是他的爱好。
Wèi dàjiā yǎncàng gēqǔ shì tā de àihào.
Für alle ein Lied zu singen ist seine Vorliebe.

e. 这部戏的男主角演戏演得很好。
Zhē bù xì de nánzhǔjué yǎnxì yǎn de hěn hǎo.
Der Hauptdarsteller in diesem Stück kann gut spielen.

f. 演戏必须要有剧本。
Yǎnxì bìxū yào yǒu jùběn.
Für das Schauspiel muss man ein Skript haben.

g. 明天的晚会上谁演奏钢琴?
Míngtiān de wǎnhuì shàng shéi yǎnzòu gāngqíng?
Wer wird morgen Abend auf der Party Klavier spielen?

h. 在明天的音乐会上他将演奏吉他。
Zài míngtiān de yīnyuèhuì shàng tā jiāng yǎnzòu jítā.
Auf dem morgigen Konzert wird er Gitarre spielen.

Übung:

1. 今晚有个小提琴 _____ 会。
Jīnwǎn yǒu ge xiǎotíqín _______ huì.

2. 林阿姨在聚会上为大家 _____ 了一首老歌。
Lín āyí zài jùhuì shàng wèi dàjiā _______le yì shǒu lǎoge.

3. 校长同意在学校的庆祝活动上 _____ 一段京剧。
Xiàozhǎng tóngyì zào xuéxiào de qìngzhù huódòng shàng _______ yí duàn jīngjù.

4. 演员如果没有真的情绪不能 _____。
Yǎnyuán rúguǒ méiyǒu zhēn de qíngxù bù néng _______.

35. untersuchen

调查 diàochá	V. + V.	erforschen, nachforschen, untersuchen
检查 jiǎnchá	V. + V.	nachprüfen, überprüfen, untersuchen

调查	• bei unklaren Sachen	• Verantwortung
检查	• Fehler, Problem	

调查 drückt eine Untersuchung aus, in der Unklarheiten eines Sachverhalts oder einer Frage geklärt werden sollen (Bsp. a – d). Hierbei geht es oft um die Verantwortung für ein negatives Vorkommnis (Bsp. a, d).

检查 bezeichnet eine Untersuchung, in der Fehlern bzw. Problemen auf den Grund gegangen wird. (Bsp. e – g).

a. 警察正在调查这件走私案件。
Jǐngchá zhèngzài diàochá zhè jiàn zǒusī ànjiàn.
Die Polizei untersucht gerade den Schmuggelfall.

b. 公司调查了市场对这产品的需求。
Gōngsī diàochále shìchǎng duì zhè chǎnpǐn de xūqiú.
Die Firma hat die Marktnachfrage nach diesen Produkten erforscht.

c. 这件事还没调查清楚，所以我们还不能轻易下结论。
Zhè jiàn shì háiméi diàochá qīngchǔ, suǒyǐ wǒmen hái bù néng qīngyì xià jiélùn.
Diese Angelegenheit ist noch nicht aufgeklärt, deshalb können wir noch keine voreiligen Schlüsse daraus ziehen.

d. 这件事故的原因还在调查中。
Zhè jiàn shìgù de yuányīn hài zài diàochá zhōng.
Die Unfallursache wird noch untersucht.

e. 在机场出境、入境时都必须检查护照。
Zài jíchǎng chūjìng, rùjìng shí dōu bìxū jiǎnchá hùzhào.
Im Flughafen muss bei der Ausreise und der Einreise der Pass kontrolliert werden.

f. 写完试卷后，最好检查一遍，再交。
Xiěwán shìjuàn hòu, zuìhǎo jiǎnchá yíbiàn, zài jiāo.
Nach der Bearbeitung der Prüfungsfragen ist es besser, alles noch einmal zu kontrollieren und erst dann abzugeben.

g. 他牙疼，所以到牙医那儿让检查了一下。
Tā yáténg, suǒyǐ dào yáyī nàr ràng jiǎnchále yíxià.
Er hatte Zahnschmerzen, daher ging er zum Zahnarzt und ließ sich untersuchen.

Übung:

1. 孩子病了，但不让医生 _____。
Háizi bìng le, dàn bú ràng yīshēng _____.

2. 学校必须 _____ 这件事是谁的责任。
Xuéxiào bìxū _____ zhè jiàn shì shì shéi de zérèn.

3. 他 _____ 不出来这部机器哪里出了问题。
Tā _____ bù chūlái zhè bù jīqì nǎlǐ chūle wèntí.

4. 警察正在 _____ 车祸的原因。
Jǐngchá zhèngzài _____ chēhuò de yuányīn.

Test I 测验 I : (Test der Verben Lektion 1–35)

1. 我今天要跟大家 _____ 的是有关健康的题目。
   Wǒ jīntiān yào gēn dàjiā _____ de shì yǒuguān jiànkāng de tímù.

2. 慢慢做，别 _____ ! 离交报告还有三天的时间呢！
   Mànmàn zuò, bié _____! Lí jiāo bàogào hái yǒu sāntiān de shíjiān ne!

3. 你们班这学期 _____ 了多少个学生？
   Nǐmen bān zhè xuéqī _____le duōshǎo ge xuéshēng?

4. 他父母完全不 _____ 他在想些什么。
   Tā fùmǔ wánquán bù _____ tā zài xiǎng xiē shénme.

5. 他是个矮个子，大家都不 _____ 他能打篮球。
   Tā shì ge ǎi gèzi, dàjiā dōu bù _____ tā néng dǎ lánqiú.

6. 不断地练习 _____ 他的汉语取得很大的进步。
   Búduàn de liànxí _____ tā de hànyǔ qǔdé hěn dà de jìnbù.

7. 我们都 _____ 她是王经理的妻子。
   Wǒmen dōu _____ tā shì Wáng jīnglǐ de qīzi.

8. 你 _____ 这个颜色好看吗？
   Nǐ _____ zhè ge yánsè hǎokàn ma?

9. 你别 _____ 我了！我可以自己去地铁站。
   Nǐ bié _____ wǒ le! Wǒ kěyǐ zìjǐ qù dítiězhàn.

10. 这孩子在家 _____ 不住，成天往外跑。
    Zhè háizi zài jiā _____ bú zhù, chéngtiān wǎng wài pǎo.

11. 下课后，你能 _____ 我去买本词典吗？
    Xiàkè hòu, nǐ néng _____ wǒ qù mǎi běn cídiǎn ma?

12. 这数学题真难 _____。
    Zhè shùxuétí zhēn nán _____.

13. 大家都 _____ 她跳舞跳得非常好。
    Dàjiā dōu _____ tā tiàowǔ tiào de fēicháng hǎo.

14. 圣诞节公司的同事相互 _____ 礼物。
Shèngdànjié gōngsī de tóngshì xiānghù ______ lǐwù.

15. 明天体育活动的 _____ 地点是在哪儿？
Míngtiān tǐyù huódòng de ______ dìdiǎn shì zài nǎr?

16. 我十分 _____ 墙上挂的那幅字画。
Wǒ shífēn ______ qiángshàng guà de nà fú zìhuà.

17. 足球员们每天都必须接受 _____。
Zúqiúyuánmen měitiān dōu bìxū jiēshòu ______.

18. 开车门时，请 _____ 后方有没有来车！
Kāi chēmén shí, qǐng ______ hòufāng yǒu méi yǒu láichē!

19. 今晚在学校有一场钢琴 _____ 会。
Jīnwǎn zài xuéxiào yǒu yì chǎng gāngqín ______ huì.

20. 你 _____ 经理我不能参加下午的会议。
Nǐ ______ jīnglǐ wǒ bù néng cānjiā xiàwǔ de huìyì.

21. 他整天 _____ 在自己的房间里。
Tā zhěngtiān ______ zài zìjǐ de fángjiān lǐ.

22. 我给你 _____ 了一杯葡萄酒。
Wǒ gěi nǐ ______le yì bēi pútáojiǔ.

23. 老奶奶被骗， _____ 了好几千元。
Lǎo nǎinai bèi piàn, ______le hǎo jǐqiān yuán.

24. 她的名字很难让人 _____。
Tā de míngzi hěn nán ràng rén ______.

25. 我 _____ 您一百六十元。
Wǒ ______ nín yìbǎiliùshí yuán.

Adjektive
形容词

1. angenehm; bequem

舒服	shūfú	Adj. + V.	bequem, angenehm, sich wohl fühlen
舒适	shūshì	Adj. + Adj.	bequem, komfortabel, behaglich

舒服	• materielle Zufriedenheit, geistige Befriedigung, körperliches Wohlgefühl
舒适	• Behaglichkeit

舒服 bezeichnet ein körperliches Wohlgefühl (Bsp. a, b). Weiterhin bezeichnet 舒服 ein Wohlgefühl, welches durch eine materielle Zufriedenheit oder durch geistige Befriedigung hervorgerufen wurde (Bsp. c – e).

舒适 stellt eine Behaglichkeit dar, die man aufgrund einer komfortablen Umgebung oder eines angenehmen Lebens empfindet (Bsp. f – j).

a. 老李今天身体不太舒服，所以向公司请了假。
Lǎolǐ jīntiān shēntǐ bú tài shūfú, suǒyǐ xiàng gōngsī qǐngle jià.
Der Herr Li fühlt sich heut nicht wohl, deshalb hat er sich bei der Firma frei genommen.

b. 头疼了一整天，吃了止疼药后就舒服些了。
Tóu téngle yì zhěngtiān, chīle zhǐténgyào hòu jiù shūfú xiē le.
Ich hatte den ganzen Tag Kopfschmerzen. Nach der Einnahme der Schmerztablette fühle ich mich wohler.

c. 这间房子虽然不大，但挺舒服的。
Zhè jiān fángzi suīrán bú dà, dàn tǐng shūfú de.
Obwohl diese Wohnung nicht groß ist, ist sie dennoch sehr bequem.

d. 连续下了几天的雨，今天终于放晴了，雨后的空气清新令人感到舒服。
Liánxù xiàle jǐ tiān de yǔ, jīntiān zhōngyú fàngqíng le, yǔhòu de kōngqì qīngxīn lìng rén gǎndào shūfú.
Nach einigen Tagen anhaltenden Regens ist es heute endlich heiter geworden. Die Luft nach dem Regen ist frisch und angenehm.

e. 这双尖头鞋穿着一点儿都不舒服。
Zhè shuāng jiāntóuxié chuānzhe yìdiǎner dōu bù shūfú.
Diese spitzen Schuhe sind überhaupt nicht bequem zu tragen.

f. 过舒适的生活是大部分人都想要的。
Guò shūshì de shēnghuó shì dàbùfen rén dōu xiǎng yào de.
Ein bequemes Leben zu führen ist das, was die meisten Menschen wollen.

g. 这家幼儿园的环境非常舒适，对小孩子们学习有益。
Zhè jiā yòuéryuán de huánjìng fēicháng shūshì, duì xiǎoháizimen xuéxí yǒuyì.
Die Umgebung des Kindergartens ist sehr komfortabel und vorteilhaft für das Lernen der Kinder.

h. 我们现在的生活环境比过去的舒适很多。
Wǒmen xiànzài de shēnghuó huánjìng bǐ guòqù de shūshì hěnduō.
Die Verhältnisse unseres heutigen Lebens sind viel komfortabler als diejenigen derVergangenheit.

i. 我的房间虽小，但很舒适。
Wǒ de fángjiān suī xiǎo, dàn hěn shūshì.
Mein Zimmer ist zwar klein, aber sehr gemütlich.

j. 猫舒适地躺在沙发上睡着觉。
Māo shūshì de tǎng zài shāfā shàng shuìzhe jiào.
Die Katze liegt bequem auf dem Sofa und schläft.

Übung:

1. 你怎么了，身体不 _____ 吗？
Nǐ zěnme le, shēntǐ bù _______ ma?

2. 天气很热，快去换件 _____ 凉快的衣服！
Tiānqì hěn rè, kuài qù huàn jiàn ________ liángkuài de yīfú!

3. 坐软座比硬座 _____ 多了。
Zuò ruǎnzuò bǐ yìngzuò _______ duō le.

4. 饭后，大家都坐在 _____ 的花园里聊天。
Fàn hòu, dàjiā dōu zuò zài _______ de huāyuán lǐ liáotiān.

2. anstrengend; mühsam

辛苦 xīnkǔ	Adj. + Adj.	mühsam, anstrengend, hart
辛劳 xīnláo	Adj. + Adj.	mühsam, mühselig

辛苦	• Unannehmlichkeit der Anstrengung
辛劳	• Mühe

辛苦 und 辛劳 stellen beide eine körperliche oder geistige Anstrengung dar. Bei 辛苦 liegt der Fokus auf der Unannehmlichkeit der Anstrengung (Bsp. a – c), bei 辛劳 steht die Mühe im Mittelpunkt (Bsp. d – f).

辛苦 kann in Form der Reduplikation (辛辛苦苦) gebraucht werden (Bsp. a), 辛劳 hingegen nicht.

Während 辛苦 in der Umgangssprache gebraucht wird, findet 辛劳 eher in der schriftlichen Sprache seine Anwendung.

辛劳 kann auch als Substantiv dienen (Bsp. d).

a. 父母<u>辛辛苦苦</u>地工作，就是为了养家。
Fùmǔ <u>xīnxīnkǔkǔ</u> de gōngzuò, jiùshì wèile yǎngjiā.
Um die Familie zu ernähren, arbeiten die Eltern hart.

b. <u>辛苦</u>了一天之后，喝杯红葡萄酒放松放松。
<u>Xīnkǔ</u>le yìtiān zhīhòu, hē bēi hóngpútáojiǔ fàngsōngfàngsōng.
Nach einem anstrengenden Tag trinke ich zur Entspannung ein Glas Rotwein.

c. 这个工作不但<u>辛苦</u>，而且收入也很低。
Zhè ge gōngzuò búdàn <u>xīnkǔ</u>, érqiě shōurù yě hěn dī.
Diese Arbeit ist nicht nur anstrengend, sondern wird auch niedrig entlohnt.

d. 孩子们不懂事，不知父母的<u>辛劳</u>，拿了钱就乱花。
Háizimen bù dǒngshì, bù zhī fùmǔ de <u>xīnláo</u>, nále qián jiù lùn huā.
Die Kinder haben kein Verständnisund wissen nicht, wie hart die Eltern arbeiten. Sobald sie Geld bekommen haben, geben sie es einfach so aus.

e. 他日日夜夜<u>辛劳</u>地加班，最后对身体造成了伤害。
Tā rìrìyèyè <u>xīnláo</u> de jiābān, zuìhòu duì shēntǐ zàochéngle shānghài.
Er arbeitet Tag und Nacht hart und das hat letztendlich seine Gesundheit geschädigt.

f. 为了准确地完成这个研究，研究员们不辞<u>辛劳</u>地收集资料。
Wèile zhǔnquè de wánchéng zhè ge yánjiù, yánjiùyuánmen bù cí <u>xīnláo</u> de shōují zīliào.
Um diese Forschung exakt zu Ende zu führen, sammeln die Forscher unermüdlich die Daten.

Übung:

1. 爷爷年纪大了，因为一向很 _____，脸上看起来更老。
Yéye niánjì dà le, yīnwèi yíxiàng hěn _______, liǎnshàng kàn qǐlái gènglǎo.

2. 如果没有他们的 _____，就没有这么美丽的公园可欣赏。
Rúguǒ méiyǒu tāmen de _______, jiù méiyǒu zhème měilì de gōngyuán kě xīnshǎng.

3. 他把 _____ 挣来的钱都赌光了。
Tā bǎ _______ zhèng lái de qián dōu dǔguāng le.

3. auffallend

刺眼	cìyǎn	V. + O.	knallig, auffallend, blendend, grell
耀眼	yàoyǎn	V. + O.	glänzend, strahlend

刺眼	• negativ	• intensiver
耀眼	• positiv	

刺眼 und 耀眼 bedeuten beide *blendend*. Im Unterschied zu 耀眼 (*glänzend* immer positiv!) (Bsp. d – h) hat 刺眼 einen negativen Beiklang und ist intensiver (Bsp. a).

Ferner kann 刺眼 auffällige Gegenstände oder Personen bezeichnen und drückt dabei einen Unterton der Abneigung aus (Bsp. b, c).

a. 这灯光太刺眼了，把它关掉吧！
Zhè dēngguāng tài cìyǎn le, bǎ tā guāndiào ba!
Das Licht ist zu grell. Mach es aus!

b. 窗上那块鲜蓝色的布帘看起来很刺眼。
Chuāngshàng nà kuài xiānlánsè de bùlián kàn qǐlái hěn cìyǎn.
Der leuchtend blaue Vorhang am Fenster sieht schreiend grell aus.

c. 她那身怪异的打扮在人群中特别刺眼。
Tā nà shēn guàiyì de dǎbàn zài rénqún zhōng tèbié cìyǎn.
Dass sie sich so unheimlich verkleidet hat, fällt in der Menschenmenge außerordentlich auf.

d. 橱窗里的钻石闪着耀眼的光芒。
Chúchāng lǐ de zuànshí shǎnzhē yàoyǎn de guāngmáng.
Die Diamanten im Schaufenster leuchten strahlend hell.

e. 今天正午的阳光非常耀眼，不得不戴着太阳眼镜出门。
Jīntiān zhèngwǔ de yángguāng fēicháng yàoyǎn, bùdébù dàizhe tàiyáng yǎnjìng chūmén.
Die Sonne heute Mittag blendet sehr. Ich muss beim Ausgehen unbedingt die Sonnenbrille aufsetzen.

f. 她穿着一件耀眼的红色洋装走进会场，立刻吸引了大家的目光。
Tā chuānzhē yí jiàn yàoyǎn de hóngsè yángzhuāng zǒujìn huìchǎng, lìkè xīyǐnle dàjiā de mùguāng.
Sie ist mit einem auffällig roten Kleid in den Konferenzraum eingetreten und hat sofort alle Blicke auf sich gezogen.

g. 这小女孩的小提琴独奏表现得十分耀眼。
Zhè xiǎonǚhái de xiǎotíqín dúzòu biǎoxiàn de shífēn yàoyǎn.
Das kleine Mädchen hat ein glänzendes Geigensolo vorgetragen.

h. 他是足球界里一颗耀眼的明星。
Tā shì zúqiújiè lǐ yì kē yàoyǎn de míngxīng.
Er ist im Fußball ein glänzender Star.

Übung:

1. 对面的玻璃墙面的反光好 _____。
Duìmiàn de bōlí qiánmiàn de fǎnguāng hǎo _____.

2. 他白衬衫上印着的那个大字看起来很 _____。
Tā bái chènshān shàng yìnzhe de nà ge dàzì kàn qǐlái hěn _____.

3. 父母像两颗 _____ 的星星照亮着全家人。
Fùmǔ xiàng liǎng kē _____ de xīngxing zhàoliàngzhe quánjiārén.

4. ausgezeichnet; hervorragend

出色	chūsè	V. + Subst.	ausgezeichnet, hervorragend
精彩	jīngcǎi	Adj. + Adj.	ausgezeichnet, hervorragend

出色	• konkrete oder abstrakte Substantive
精彩	• Substantive mit dynamischer Entwicklung

出色 und 精彩 bedeuten *ausgezeichnet* oder *hervorragend*. 出色 kann sich auf konkrete oder abstrakte Substantive beziehen (Bsp. a – d).

Im Unterschied dazu bezieht sich 精彩 nur auf Substantive mit einer dynamischen Entwicklung (Bsp. e – g).

a. 在这部电影里男、女主角的表演都非常<u>出色</u>。
Zài zhè bù diànyǐng lǐ nán、nǚzhǔjué de biǎoyǎn dōu fēicháng <u>chūsè</u>.
Der Hauptdarsteller und die Hauptdarstellerin in diesem Film haben beide ihre Rollen hervorragend gespielt.

b. 这个孩子足球踢得很好，好好训练将来一定能成为一个<u>出色</u>的足球员。
Zhè ge háizi zúqiú tī de hěnhǎo, hǎohǎo xùnliàn jiānglái yídìng néng chéngwéi yī ge <u>chūsè</u> de zúqiúyuán.
Das Kind spielt sehr gut Fußball. Trainiert es gut, kann es zukünftig bestimmt ein ausgezeichneter Fußballspieler werden.

c. 在工作上她表现十分<u>出色</u>。
Zài gōngzuò shàng tā biǎoxiàn shífēn <u>chūsè</u>.
Sie macht ihre Arbeit ausgezeichnet.

d. 这一幅画真<u>出色</u>。
Zhè yì fú huà zhēn <u>chūsè</u>.
Das Bild ist wirklich hervorragend.

e. 昨天那场德国对西班牙的比赛<u>精彩</u>极了！
Zuótiān nà chǎng Déguó duì Xībānyá de bǐsài jīngcǎi jí le!
Das gestrige Spiel Deutschland gegen Spanien war äußerst spanned.

f. 今晚节目中最<u>精彩</u>的是魔术表演。
Jīnwǎn jiémù zhōng zuì <u>jīngcǎi</u> de shì móshù biǎoyǎn.
Das spannendste Programm heute Abend war die Aufführung des Magiers.

g. 他<u>精彩</u>的演说获得观众如雷的掌声。
Tā <u>jīngcǎi</u> de yǎnshuō huòdé guānzhòng rúléi de zhǎngshēng.
Seine hervorragende Rede hat den tosenden Beifall der Zuschauer verdient.

Übung:

1. 我读了一本写得十分 _____ 的小说。
Wǒ dúle yì běn xiě de shífēn _______ de xiǎoshuō.

2. 她讲了一个一样 _____ 的故事。
Tā jiǎngle yí ge yíyàng _______ de gùshì.

3. 妈妈给我做了一件非常 _____ 的裙子。
Māma gěi wǒ zuòle yí jiàn fēicháng _______ de qúnzi.

5. bekannt; berühmt

有名	yǒumíng	V. + N.	bekannt, berühmt
著名	zhùmíng	Adj. + N.	bekannt, berühmt, einen Namen haben

有名	• neutral, kann auch abwertend sein
著名	• immer positiv

有名 und 著名 haben beide die Bedeutung *bekannt, berühmt*. Hinsichtlich des Grades der Berühmtheit ist 著名 viel stärker als 有名.

Berühmtheit: 著名 > 有名

In 著名 ist 有名 schon impliziert, aber was mit 有名 bezeichnet wird, ist nicht unbedingt 著名.

Hinsichtlich der Bedeutung ist 有名 neutral (Bsp. a – d) bzw. abwertend (Bsp. a). Dagegen ist 著名 immer nur positiv (Bsp. e – h).

a. 他是咱们村子里<u>有名</u>的坏人。
Tā shì zánmen cūnzi lǐ <u>yǒumíng</u> de huàirén.
Er ist in unserem Dorf ein bekannter Bösewicht.

b. 张姨希望她儿子将来能成为一个<u>有名</u>的钢琴家。
Zhāngyī xīwàng tā érzi jiānglái néng chéngwéi yí ge <u>yǒumíng</u> de gāngqínjiā.
Tante Zhang hofft, dass ihr Sohn zukünftig ein berühmter Pianist wird.

c. 德国人严守时间是<u>有名</u>的。
Déguórén yánshǒu shíjiàn shì <u>yǒumíng</u> de.
Dass die Deutschen viel Wert auf Pünktlichkeit legen, ist bekannt.

d. 以前中国人之间如果有了纠纷，常会请地方上<u>有名</u>望的人来协调。
Yǐqián zhōngguórén zhījiān rúguǒ yǒule jiūfēn, cháng huì qǐng dìfāng shàng <u>yǒumíng</u>wàng de rén lái xiétiáo.
Wenn es früher Streit zwischen Chinesen gab, wurde oft eine angesehene Person für die Vermittlung eingeschaltet.

e. 他的父亲是一位非常著名的文学家。
Tā de fùqīng shì yí wèi fēicháng zhùmíng de wénxuéjiā.
Sein Vater ist ein sehr berühmter Literaturwissenschaftler.

f. 这位著名的歌手将在今年夏天举办二十场演唱会。
Zhè wèi zhùmíng de gēshǒu jiāng zài jīnnián xiàtiān jǔbàn èrshí chǎng yǎnchànghuì.
Der berühmte Sänger wird in diesem Sommer zwanzig Konzerte veranstalten.

g. 南欧的一些小岛是著名的渡假胜地。
Nánōu de yìxiē xiǎodǎo shì zhùmíng de dùjià shèngdì.
Einige kleine Inseln in Südeuropa sind bekannte Urlaubsorte.

h. 这个地区以其美丽的花园造景而著名。
Zhè ge dìqū yǐ qí měilì de huāyuán zàojǐng ér zhùmíng.
Dieser Ort ist berühmt für seinen schönen Gartenbau.

Übung:

1. 经过多年的努力，他终于成为一名伟大而且 _____ 的科学家。
Jīngguò duō nián de nǔlì, tā zhōngyú chéngwéi yì míng wěidà érqiě _____ de kēxuéjiā.

2. 这家饭馆的北京烤鸭相当 _____。
Zhè jiā fànguǎn de Běijīng kǎoyā xiāngdāng _____.

3. 张老板在朋友圈中是一个 _____ 小气鬼。
Zhāng lǎobǎn zài péngyǒuquān zhōng shì yí ge _____ xiǎoqìguǐ.

6. bequem; günstig

便利	biànlì	Adj. + Adj.	bequem, günstig, dienlich
方便	fāngbiàn	Adj. + Adj.	geeignet, günstig, praktisch
便宜	piányí	Adj. + Adj.	preiswert, billig, günstig

便利	• Sachen	• vorteilhaft
方便	• Sachen, Person	• praktisch
便宜	• Preise	• preiswert

便利 besteht aus den Wörtern/Zeichen *praktisch* 便 und *vorteilhaft* 利 und bedeutet *bequem, günstig* im Sinne von „dienlich".

In der Umgangssprache wird 便利 oft durch 方便 ersetzt, wie in den Beispielen (a), (c) und (d) dargestellt.

Zur Bildung eines nominalen Kompositums wird in der Regel 便利 gebraucht, wie z. B. 便利商店 in Bsp. (b).

方便 kann sich im Gegensatz zu 便利 nicht nur auf eine Sache, sondern auch auf eine Person beziehen (Bsp. f). In diesem Fall drückt方便 Höflichkeit aus.

Achtung:
In der Bedeutung von *geeignet* ist 方便 nicht durch 便利 ersetzbar (Bsp. e).

便宜 bezeichnet in der Regel etwas Preisgünstiges (Bsp. i, j). Eine Ausnahme ist in (Bsp. k) angeführt, dort bedeutet es „jemandem einen Vorteil gewahren" und wird immer in der Form „便宜了 + Person" verwendet.

a. 便利的交通网有助于一个城市的发展。
Biànlì de jiāotōngwǎng yǒuzhùyú yí ge chéngshì de fāzhǎn.
Ein günstiges Verkehrsnetz trägt zur Stadtentwicklung bei.

b. 便利商店二十四小时营业，随时都可以买需要的东西，真方便。
Biànlì shāngdiàn èrshísì xiǎoshí yíngyè, suíshí dōu kěyǐ mǎi xūyào de dōngxī, zhēn fāngbiàn.
Convenience Stores sind 24 Stunden geöffnet. Zu jeder Zeit kann man dort alles kaufen, was man braucht. Das ist wirklich bequem.

c. 通讯技术的发展使交流更便利。
Tōngxùnjìshù de fāzhǎn shǐ jiāoliú gèng biànlì.
Die Entwicklung der Kommunikationstechnik macht die Kommunikation noch bequemer.

d. 我的新家就在地铁站和公共汽车站附近，上班很方便。
Wǒ de xīnjiā jiù zài dìtiě hé gōnggòngqìchēzhàn fùjìn, shàngbbān hěn fāngbiàn.
Meine neue Wohnung liegt ganz in der Nähe des U-Bahnhofs und der Bushaltstelle. Zur Arbeit zu fahren ist sehr bequem.

e. 在这么吵的地方不方便谈话。
Zài zhème chǎo de dìfāng bù fāngbiàn tiánhuà.
An so einem lauten Ort lässt es sich nicht bequem unterhalten.

f. 你什么时候方便，就什么时候来吧！
Nǐ shéme shíhòu fāngbiàn, jiù shénmeshíhòu lái ba!
Komme, wann es dir passt!

g. 图书馆里词典多，在那儿学习很方便。
Túshūguǎn lǐ de cídiǎn duō, zài nàr xuéxié hěn fāngbiàn.
In der Bibliothek gibt es viele Wörterbücher. Dort zu lernen ist sehr praktisch.

h. 为了操作方便，设计师在这部机器上加了个按钮。
Wèile zāozuò fāngbiàn, shèjìshī zài zhè bù jīqì shàng jiāle ge ànniǔ.
Zur leichten Bedienung hat der Designer der Maschine eine Drucktaste hinzugefügt.

i. 中国劳工比德国劳工便宜很多。
Zhōngguó láogōng bǐ Déguó láogōng piányí hěn duō.
Chinesische Arbeitskräfte sind viel billiger als deutsche Arbeitskräfte.

j. 这家餐厅的菜便宜又好吃。
Zhè jiā cāntīng de cài piányí yòu hǎochī.
Die Gerichte dieses Restaurants sind preiswert und zugleich köstlich.

k. 这么做不是便宜了他们吗？
Zhème zuò bú shì piányíle tāmen ma?
Ist es nicht für sie von Vorteil, wenn wir es so machen?

Übung:

1. 从公司到你家交通 _____ 吗？
   Cóng gōngsí dào nǐ jiā jiāotōng _______?

2. 这种鸡蛋价钱虽然 _____，但却很好吃。
   Zhè zhǒng jīdàn jiàqián suīrán _______, dàn què hěn hǎo chī.

3. 我明天把你要的书带过来，你 _____ 吗？
   Wǒ míngtián bǎ nǐ yào de shū dài guòlái, nǐ _______ ma?

7. besonders

特别 tèbié	Adj. + Adj.	besonders, speziell, ungewöhnlich
特殊 tèshū	Adj. + Adj.	besonders, speziell, außergewöhnlich

特别	• modifiziert Adjektive, intensiver
特殊	• weniger intensiv

特别 bedeutet je nach Kontext *ungewöhnlich* (Bsp. d), *besonders* (Bsp. a, b, f), *extra* (Bsp. c) oder *insbesondere* (Bsp. e).

特殊 bedeutet *speziell, besonders* im Sinne von „eigentümlich" oder „außergewöhnlich" (Bsp. g – j).

特别 kann im Gegensatz zu 特殊 Adjektive modifizieren (Bsp. f). Bei der Modifikation von Verben drückt 特别 eine intensivere (Bsp. a, b), 特殊 eine weniger intensive Handlung aus (Bsp. g).

a. 这个农村水灾过后特别需要帮助。
Zhè ge nóngcūn shuǐzāi guòhòu tèbié xūyào bāngzhù.
Nach der Überschwemmung benötigt das Dorf besondere Hilfe.

b. 林立是个特别爱笑的人，所以和他在一起特别开心。
Línlì shì ge tèbié àixiào de rén, suǒyǐ hé tā zài yìqǐ tèbié kāixīn.
Lin Li lacht zu gern, deshalb macht es viel Spaß, mit ihm zusammen zu sein.

c. 天冷，妈妈特别为我炖了一锅鸡汤。
Tiān lěng, māma tèbié wèi wǒ dùnle yì guō jītāng.
Das Wetter ist kalt, deshalb hat mir meine Mutter extra einen Topf Hühnersuppe gekocht.

d. 这个故事我听不出有什么特别的地方。
Zhè ge gùshì wǒ tīng bù chū yǒu shénme tèbié de dìfāng.
Ich kann nicht heraushören, was an der Geschichte so besonders sein soll.

e. 我喜爱乡下的风景，特别是春天的。
Wǒ xǐài xiāngxià de fēngjǐng, tèbié shì chūntiān de.
Mir gefällt die dörfliche Landschaft, insbesondere die im Frühling.

f. 她的眼睛特别大，特别漂亮。
Tā de yǎnjīng tèbié dà, tèbié piàoliàng.
Ihre Augen sind besonders groß und besonders schön.

g. 特殊教育给残障儿童提供适当的教育。
Tèshū jiàoyù gěi cánzhàng értóng tígōng shìdàng de jiàoyù.
Die Sonderpädagogie bietet behinderten Kindern eine geeignete Erziehung.

h. 这个情况非常特殊，我们必须开会讨论一下。
Zhè ge qíngkuàng fēicháng tèshū, wǒmen bìxū kāihuì tǎolùn yíxià.
Diese Situation ist sehr ungewöhnlich, dies müssen wir bei einem Meeting einmal diskutieren.

i. 他的特殊才艺表演让大家留下了深刻的印象。
Tā de tèshū cáiyì biǎoyǎn ràng dàjiā liúxiàle shēnkè de yìngxiàng.
Seine besonders talentierte Vorführung hinterließ bei allen einen sehr tiefen Eindruck.

j. 她一定有什么特殊的地方，否则大家不会这么为她着迷。
Tā yídìng yǒu shénme tèshū de dìfāng, fǒuzé dàjiā bú huì zhème wèi tā zháomí.
Sie hat bestimmt etwas Besonderes, sonst wären die Leute nicht so sehr von ihr fasziniert.

Übung:

1. 他 _____ 喜欢做手工。
Tā _____ xǐhuān zuò shǒugōng.

2. 这是一种 _____ 的玻璃。
Zhè shì yì zhǒng _____ de bōlí.

3. 下课以后，老师 _____ 把小华留下来谈话。
Xiàkè yǐhòu, lǎoshī _____ bǎ Xiǎohuá liú xiàlái tánhuà.

4. 儿子今天起床起得 _____ 早。
Érzi jīntiān qǐchuáng qǐ de _____ zǎo.

5. 这情况十分 _____，大家都不知如何应付。
Zhè qíngkuàng shífēn _____, dàjiā dōu bùzhī rúhé yìngfù.

8. deutlich, klar

清楚 qīngchǔ	Adj. + Adj.	klar, deutlich
清晰 qīngxī	Adj. + Adj.	klar, deutlich

清楚	• gut erkannt, klar verstanden
清晰	• gut erkennbar, deutlich sichtbar, gut hörbar

清楚 bezeichnet *deutlich* im Sinne von „gut erkannt bzw. klar verstanden" (Bsp. f) oder „deutlich und ohne Fehler" (Bsp. a – d). 清楚 verbal eingesetzt bedeutet *verstehen* (Bsp. e).

清晰 bezeichnet ebenfalls *deutlich*, aber im Sinne von „gut erkennbar", „deutlich sichtbar" und bezieht sich auf eine klare, deutliche visuelle oder akustische Wahrnehmung (Bsp. g – k).

Im Zusammenhang mit dem „Denken" drückt 清晰 ferner „gründlich und systematisch" aus.

a. 事情还没弄清楚以前，先别责怪他！
Shìqíng háiméi nòng qīngchǔ yǐqián, xiān bié zéguài tā!
Beschuldige ihn nicht schon, solange die Angelegenheit noch nicht geklärt ist!

b. 我没听清楚，请再说一遍，好吗？
Wǒ méi tīng qīngchǔ, qǐng zài shuō yí biàn, hǎoma?
Ich habe dich akustisch nicht verstanden. Könntest du es bitte noch einmal sagen?

c. 你们得把话说清楚再走！
Nǐmen děi bǎ huà shuōqīngchǔ zài zǒu!
Geht nicht, bevor ihr es nicht richtig erklärt habt!

d. 她八十岁了，但是头脑还是很清楚。
Tā bāshí suì le, dànshì tóunǎo hāishì hěn qīngchǔ.
Sie ist achtzig Jahre alt, hat aber noch immer einen klaren Kopf.

e. 这个男孩虽小，却非常清楚自己要什么。
Zhè ge nánhái suī xiǎo, què fēicháng qīngchǔ zìjǐ yào shénme.
Der Junge ist zwar noch klein, dennoch weiß er ganz genau, was er will.

f. 现在我终于看清楚事情的真相了.
Xiànzài wǒ zhōngyú kàn qīngchǔ shìqíng de zhēnxiàng le.
Jetzt erkenne ich endlich deutlich die Wahrheit.

g. 他的发音非常清晰。
Tā de fāyīn fēicháng qīngxī.
Seine Aussprache ist sehr klar und deutlich.

h. 这台电视的画质不怎么清晰。
Zhè tái diànshì de huàzhí bù zěnme qīngxī.
Das Bild des Fernsehers ist nicht so klar.

i. 这张照片照得不清晰，因为焦点没对准。
Zhè zhāng zhàopiàn zhào de bù qīngxī, yīnwèi jiāodiǎn méi duìzhǔn.
Das Foto ist unscharf, weil weil der Fokus falsch ausgerichtet wurde.

j. 她做的简报不仅图表清晰，文字也很清晰。
Tā zuò de jiǎnbào bùjǐn túbiǎo qīngxī, wénzì yě hěn qīngxī.
Ihre Präsentation ist nicht nur von der Grafik her deutlich, sondern auch klar im Wort.

k. 小时候的一些场景仍清晰地留在我的回忆了。
Xiǎoshíhòu de yìxiē chǎngjǐng réng qīngxī de liú zài wǒ de huíyì lǐ.
Einige Szenen aus der Kindheit sind immer noch sehr deutlich in meiner Erinnerung geblieben.

l. 从他的文章中能看出他是一个思维清晰的人。
Cóng tā de wénzhāng zhōng néng kànchū tā shì yí ge sīwéi qīngxī de rén.
Von seinem Text her kann man erkennen, dass er ein klar denkender Mensch ist.

Übung:

1. 我没戴眼镜，所以看不 ______ 黑板上的字。
Wǒ méi dài yǎnjìng, suǒyǐ kàn bù ______ hēibǎn de zì.

2. 水池很干净，池里的鱼都 ______ 可见。
Shuǐchí hěn gānjìng, chílǐ de yú dōu ______ kějiàn.

3. 你 ______ 这个问题是怎么发生的吗？
Nǐ ______ zhè ge wèntí shì zěnme fāshēng de ma?

9. dunkel

暗	àn	Adj.	dunkel
黑	hēi	Adj.	schwarz, dunkel

暗	• Gegenteil von hell	• heimlich
黑	• Gegenteil von weiß	• illegal

Sowohl 黑 als auch 暗 bezeichnen *dunkel*, einen Zustand mit wenig Licht, und mit beiden Wörtern kann das Wetter beschrieben werden (Bsp. a, d).

暗 hat zudem die erweiterte Bedeutung von *versteckt* oder *heimlich* (Bsp. b, c). 黑 wird auch für *schwarz* und die Beschreibung von etwas Illegalem (Bsp. f) oder Bösem (Bsp. e) verwendet.

a. 天色渐暗，我们快回家吧！
Tiānsè jiàn àn, wǒmen kuài huíjiā ba!
Der Himmel wird allmählich dunkel. Lasst uns schnell nach Hause gehen!

b. 她今天穿了一件暗红色的洋装。
Tā jīntiān chuānle yí jiàn ànhóngsè de yángzhuāng.
Sie hat heute ein dunkelrotes Kleid an.

c. 俗话说：明人不做暗事。
Súhuà shuō: míngrén bú zuò ànshì.
Ein Sinnspruch lautet: Ein anständiger Mensch betreibt niemals dunkle Geschäfte.

d. 天黑了，快下雨了！
Tiān hēi le, kuài xiàyǔ le!
Der Himmel ist dunkel geworden, bald wird es regnen!

e. 黑势力不仅存在社会上，也存在校园里。
Hēishìlì bùjǐn cúnzài shèhuì shàng, yě cúnzài xiàoyuán lǐ.
Dunkle Mächte exisitieren nicht nur in der Gesellschaft, sondern auch in der Schule.

f. 毒贩常在舞厅进行黑交易。
Dúfàn cháng zài wǔtīng jìnxíng hēijiāoyì.
Drogenhändler betreiben häufig in Discotheken dunkle Geschäfte.

Übung:

1. 许多 _____ 心商贩制造贩卖对人体不健康的食品。
Xǔdoū _____ xīn shāngfàn zhìzào fànmài duì réntǐ bú jiànkāng de shípǐn.

2. 这幅画的颜色真 _____。
Zhè fú huà de yánsè zhēn _____.

3. 我只喝 _____ 咖啡，不加牛奶和糖。
Wǒ zhǐ hē _____ kāfēi, bù jiā niúnǎo hé táng.

10. einfach; schlicht

简单 jiǎndān	Adj. + Adj.	einfach, simpel,
简朴 jiǎnpǔ	Adj. + Adj.	schlicht, bescheiden

简单	• Struktur von Gegenständen oder Sachen
简朴	• sparsam

简单 bezeichnet *simpel* und ist das Gegenteil von *kompliziert* 复杂. Es bezieht sich auf die Struktur eines Gegenstandes oder einer Sache (Bsp. a, b).

简朴 bezeichnet *einfach und schlicht* im Sinne von „sparsam" und ist das Gegenteil von *luxuriös* 奢侈 (Bsp. c – e).

a. 这个机器构造简单，操作起来很容易。
Zhè ge jīqì gòuzào jiǎndān, zāozuò qǐlái hěn róngyì.
Die Konstruktion dieser Maschine ist einfach und sie ist leicht zu bedienen.

b. 越来越多人喜欢过简单的生活。
Yuèláiyuèduō rén xǐhuān guò jiǎndān de shēnghuó.
Immer mehr Leute lieben es, ein einfaches Leben zu führen.

c. 在科技发达物资过剩的今日，许多人又向往起简朴的生活来。
Zài kējì fādá wùzī guòshèng de jīnrì, xǔduō rén yòu xiàngwǎng qǐ jiǎnpǔ de shēnghuó lāi.
In der heutigen Zeit der technologischen Entwicklung und des Überflusses sehnen sich viele Leute wieder nach einem schlichten Leben.

d. 学生们穿着简朴的制服参加社区庆典。
Xuéshēnmen chuānzhe jiǎnpǔ de zhìfú cānjiā shèqū qìngdiǎn.
Die Schüler nahmen mit schlichter Uniform an der Gemeindefeier teil.

e. 这间房子的室内设计风格十分简朴。
Zhè jiān fángzi de shìnèi shèjì fēnggé shífēn jiǎnpǔ.
Das Innendesign der Wohnung ist sehr schlicht.

Übung:

1. 这只手机的构造十分 _____ 好用。
   Zhè zhī shǒujī de gùzào shífēn ______ hǎoyòng.

2. 他穿着 _____，看不出来是个大老板。
   Tā chuānzhuó ______, kàn bù chūlái shì ge dàlǎobǎn.

3. 办公室里只 _____ 地放着几张桌椅。
   Bàngōngshì lǐ zhǐ ______ de fàng zhe jǐ zhāng zhuōyǐ.

11. einsam

孤单	gūdān	Adj. + Adj.	allein, einsam, verlassen
寂寞	jìmò	Adj. + Adj.	einsam, einsiedlerisch
一个人	yígerén	Zahl + ZEW + N.	allein

孤单	• Zustand „allein sein" und Gefühl „einsam"
寂寞	• Gefühl „einsam"
一个人	• Zustand „eine Person"

孤单 bezeichnet mehr den äußerlichen Zustand des „Alleinseins" oder des „Verlassenseins" (Bsp. a – c) und weniger das dadurch entstandene Gefühl des „Einsamseins".

Das Gefühl des „Einsamseins" wird mit 寂寞 bezeichnet (Bsp. d).

一个人 ist neutral und bezeichnet lediglich den Zustand, dass man allein ist oder allein etwas unternimmt (Bsp. a, e, f).

a. <u>一个人</u>在陌生的城市常感到<u>孤单</u>寂寞。
<u>Yígerén</u> zài mòshēng de chéngshì cháng gǎndào <u>gūdān</u> jìmò.
Er ist allein in einer fremden Stadt und fühlt sich oft einsam.

b. 她孤单地坐在海边看着夕阳。
Tā <u>gūdān</u> de zuò zài hǎibiān kànzhe xìyáng.
Sie sitzt allein am Wasser und schaut sich den Sonnenuntergang an.

c. 孩子们长大离开家后，父母开始感到孤单。
Háizimen zhǎngdà líkāi jiā hòu, fùmǔ kāishǐ gǎndào <u>gūdān</u>.
Nachdem die Kinder aufgewachsen sind und das Haus verlassen haben, beginnen die Eltern, sich einsam zu fühlen.

d. 人在狂欢之后，会更感到<u>寂寞</u>。
Rén zài kuánghuān zhīhòu, huì gèng gǎndào <u>jìmò</u>.
Nach einer großen Feier fühlt man sich noch einsamer.

e. 虽然他一个人生活，却不觉得孤单。
Suīrán tā yígerén shēnghuó, què bù juédé gūdān.
Obwohl er allein lebt, fühlt er sich dennoch nicht einsam.

f. 她打算明年一个人到西藏旅游。
Tā dǎsuàn míngnián yígerén dào Xīzàng lǚyóu.
Sie plant, nächstes Jahr allein in Tibet zu reisen.

Übung:

1. 她常在人群之中感到 _____。
Tā cháng zài rénqún zhīzhōng gǎndào ______.

2. 父母都不在家，只剩儿子 _____ 地在家准备考试。
Fùmǔ dōu bú zàijiā, zhǐ shèng érzi ______ de zàijiā zhǔnbèi kǎoshì.

3. 小张喜欢 _____ 去饭馆吃饭。
Xiǎozhāng xǐhuān ______ qù fànguǎn chīfàn.

12. erschöpft

疲惫 píbèi	Adj. + Adj.	übermüdet, erschöpft
疲劳 píláo	Adj. + Adj.	müde, überarbeitet

疲惫	• geistige, körperliche Erschöpfung
疲劳	• durch Überarbeitung

疲惫 wird in der Schriftsprache verwendet, bedeutet *übermüdet, erschöpft* und kann sich dabei auf eine geistige oder körperliche Ermüdung beziehen (Bsp. a – c).

疲劳 bezeichnet eine Müdigkeit, die durch das Überarbeiten verursacht wird (Bsp. d – f).

a. 父亲一夜没睡好，吃完中饭后，就疲惫得睡着了。
Fùqīn yíyè méi shuìhǎo, chīwán zhōngfàn hòu, jiù píbèi de shuìzháo le.
Der Vater hat gestern die ganze Nacht nicht gut geschlafen. Nach dem Mittagessen war er dann übermüdet und ist eingeschlafen.

b. 病了好长一段时间，他看起来疲惫不堪。
Bìngle hǎo cháng yí duàn shíjiān, tā kàn qǐlái píbèi bùkān.
Durch eine lange Erkrankung sieht er sehr erschöpft aus.

c. 坐了十个小时的飞机后，我非常疲惫。
Zuòle shí ge xiǎoshí de fēijī hòu, wǒ fēicháng píbèi.
Nach einem zehnstündigen Flug bin ich sehr erschöpft.

d. 现代人工作时间长，如何消除疲劳是个重要的课题。
Xiàndàirén gōngzuò shíjiān cháng, rúhé xiāochú píláo shì ge zhòngyào de kètí.
Die Menschen heutzutage arbeiten viel. Wie man die Müdigkeit abschüttelt, ist ein wichtiges Thema.

e. 过度疲劳会使精神处于亢奋的状态。
Guòdù píláo huì shǐ jīngshén chǔyú kàngfèn de zhuàngtài.
Übertriebenes Arbeiten kann den Geist in einen angespannten Zustand versetzen.

f. 长时间使用电脑容易导致视觉疲劳。
Cháng shíjián shǐyòng diànnǎo róngyì dǎozhì shìjué pīláo.
Wenn man zu lange vor dem Computer sitzt, werden die Augen leicht müde.

Übung:

1. 生活上的种种问题使她身心 ______。
Shēnghuó shàng de zhǒngzhǒng wèntí shǐ tā shēnxīn ______.

2. 过度压力和 ______ 可能导致身体出问题。
Guòdù yālì hé ______ kěnéng dǎozhì shēntǐ chū wèntí.

3. 几天的艰苦训练，大家都 ______ 不堪。
Jǐ tiān de jiāngǔ xùnliàn, dàjiā dōu ______ bùkān.

13. erstaunt

惊奇 jīngqí	V. + Adj.	erstaunlich, überraschend
惊异 jīngyì	V. + Adj.	erstaunlich, verwunderlich, verblüffend
惊讶 jīngyà	V. + Adj.	erstaunlich, verwunderlich

惊奇 • merkwürdig 惊异 • unglaublich

惊讶 • neutral • umgangssprachlich

惊奇, 惊讶 und 惊异 haben eine ähnliche Bedeutung. Ihre Unterschiede werden durch die zweite Komponente bestimmt.

惊奇 bedeutet *erstaunlich* und bezeichnet im Kontrast zu 惊讶 auch, dass der Sachverhalt merkwürdig ist (Bsp. a – c).

惊异 bedeutet ebenfalls *erstaunlich*, *überraschend*, allerdings ist der Grad der Überraschung noch stärker als bei 惊讶. Der Ausdruck wird verwendet, wenn der Sachverhalt an sich bereits unglaublich ist (Bsp. d – f).

惊讶 bezeichnet *überraschend* im Sinne von „unerwartet" und ist neutral, da der überraschende Sachverhalt im Prinzip plausibel ist (Bsp. g, h). 惊讶 wird in der Umgangssprache gebraucht.

a. 观众用惊奇的眼光看着街头艺人的魔术表演。
Guānzhòng yòng jīngqí de yǎngguāng kànzhe jiētóu yìrén de móshù biǎoyǎn.
Mit erstaunten Blicken starren die Zuschauer auf die Zaubervorführung des Zauberkünstlers auf der Straße.

b. 爷爷这样快恢复健康，我们大家都感到十分惊奇。
Yéye zhèyàn kuài huīfù jiànkāng, wǒmen dàjiā dōu gǎndào shífēn jīngqí.
Mein Großvater ist so schnell wieder auskuriert. Wir alle empfinden das als sehr erstaunlich.

c. 令人惊奇的是他竟然做了这样的决定！
Lìng rén jīngqí de shi tā jìngrán zuòle zhèyàng de juédìng!
Erstaunlich ist, dass er unerwartet solch eine Entscheidung getroffen hat!

d. 她小小年纪竟能如此冷静地处理这个问题，使我们感到惊异。
Tā xiǎoxiǎo niánjì jìng néng rúcǐ lěngjìng de chǔlǐ zhè ge wèntí, shǐ wǒmen gǎndào jīngyì.
Es hat uns sehr überrascht, dass sie in solch jungen Jahren dieses Problem so unaufgeregt lösen konnte.

e. 他这一个奇怪的举动使我们非常惊异。
Tā zhè yí ge qíguài de jǔdòng shǐ wǒmen fēicháng jīngyì.
Sein komisches Verhalten erstaunt uns sehr.

f. 听完主席这番话，大家都惊异地注视着他。
Tīngwán zhǔxí zhè fān huà, dàjiā dōu jīngyì de zhùshìzhe tā.
Nachdem sie die Ausführungen des Vorsitzenden zu Ende gehört hatten, starrten ihn alle verwundert an.

g. 他俩各方面都如此不同，竟然还是结婚了，让人感到惊讶。
Tāliǎ gèfāngmiàn dōu rúcǐ bùtóng, jìngrán háishì jiéhūn le, ràng rén gǎndào jīngyà.
Die beiden sind völlig verschieden, trotzdem haben sie geheiratet. Das hat uns überrascht.

h. 这条狗奋勇跳入水中救出小主人，真令人惊讶。
Zhè tiáo gǒu fènyǒng tiàorù shuǐ zhōng jiùchū xiǎozhǔrén, zhēn lìng rén jīngyà.
Es ist verwunderlich, dass der Hund mutig ins Wasser gesprungen ist und seinen kleinen Herrn gerettet hat.

Übung:

1. 你来得这么早，我们都很 _____。
Nǐ lái de zhème zǎo, wǒmen dōu hěn _______.

2. 自然界的神秘常令人 _____。
Zìránjiè de shénmì cháng lìng rén _______.

3. 成绩不好的孙同学，这次竟然考了第一名令大家十分 _____。
Chéngjī bù hǎi de Sūn tóngxuē, zhè cì jìngrán kǎole dìyīmíng, lìng dàjiā shífēn _______.

14. fest; solide

坚固	jiāngù	Adj. + Adj.	hart, stark, fest, solide
结实	jiēshí	V. + Adj.	fest, solide, haltbar, stabil

坚固 • Dichtheit der Substanz

结实 • Dichtheit der Substanz
• körperliche Stärke, Gesundheit des Menschen

坚固 und 结实 bezeichnen beide die Dichte einer Substanz. In diesem Gebrauch sind 坚固 und 结实 wechselseitig ersetzbar (Bsp. a – e).
结实 kennzeichnet außer Substanzen auch die körperliche Stärke oder Gesundheit eines Menschen (Bsp. f, g), 坚固 hingegen nicht.

a. 这张书桌坚固耐用，已经有三十年的历史了。
Zhè zhāng shūzuō jiāngù nàoyòng, yǐjīng yǒu sānshí nián de lì shǐ le.
Dieser Schreibtisch ist strapazierfähig und schon dreißig Jahre alt.

b. 这个银行建得看上去很坚固，给人可以信赖的感觉。
Zhè ge yínháng jiàn de kàn shàngqù hěn jiāngù, gěi rén kěyǐ xìnlài de gǎnjú.
Diese Bank sieht vom Bau her sehr solide aus und vermittelt daher einen vertrauenswürdigen Eindruck.

c. 这栋房子的结构非常坚固。
Zhè dòng fángzi de jiégòu fēicháng jiāngù.
Die Struktur des Hauses ist sehr solide.

d. 这是一张不错的床，木质非常结实。
Zhè shì yì zhāng búcuò de chuáng, mùzhí fēicháng jiēshí.
Das ist ein gutes Bett; das Holz ist ziemlich massiv.

e. 他穿的那双靴子很结实。
Tā chuān de nà shuāng xuēzi hěn jiēshí.
Jene Stiefel, die er anhat, sind sehr solide.

f. 小李把身体练得十分<u>结实</u>。
Xiǎolǐ bǎ shēntǐ liàn de shífēn <u>jiēshi</u>.
Der kleine Li hat einen sehr durchtrainierten Körper.

g. 老王最近心广体胖，<u>结实</u>得像一头牛。
Lǎo Wáng zuìjìn xīnguǎng tǐpàng, <u>jiēshí</u> de xiàng tóu niú.
Wang ist in der letzten Zeit dick geworden und ist so kräftig wie ein Stier.

Übung:

1. 北京有很多 _____ 而雄伟的建筑。
Běijīng yǒu hěn duō ______ ér xióngwěi de jiànzhú.

2. 祖母八十岁了，但身体还挺 _____。
Zǔmǔ bāshí suì le, dàn shentǐ hái tǐng ______.

3. 这座桥建造得十分 ______。
Zhè zuò qiáo jiànzào de shífēn ______.

15. fremd

陌生	mòshēng	Adj. + Adj.	unbekannt, fremd
生疏	shēngshū	Adj. + Adj.	verlernt, fremd

陌生	• unbekannt
生疏	• nicht mehr vertraut

陌生 bedeutet *fremd* im Sinne von „unbekannt“ (Bsp. a, b).
生疏 bezeichnet *fremd* im Sinne von „nicht vertraut“ (Bsp. c – f). 生疏 drückt darüber hinaus einen unvertrauten Sachverhalt im Sinne von „nicht mehr auf dem neuesten Stand sein“ aus (Bsp. c, e). Dies kann sich auch auf persönliche Kontakte beziehen (Bsp. c).

a. 一个人在陌生的国度生活，难免会感到寂寞。
Yígerén zài mòshēng de guódù shēnghuó, nánmiǎn huì gǎndào jìmò.
Eine allein in einem fremden Land lebende Person fühlt sich unvermeidlich einsam.

b. 今晚的聚会上有许多陌生面孔。
Jīnwǎn de jùhuì shàng yǒu xǔduō mòshēng miànkǒng.
Auf der Party heute Abend gibt es viele fremde Gesichter.

c. 老同学十几年没见面了，关系却不生疏。
Lǎotóngxué jǐshínián méi jiànmiàn le, guānxì què bù shēngshū.
Wir alten Kommilitonen haben uns seit über zehn Jahre nicht gesehen, dennoch hat unsere Beziehung nicht gelitten.

d. 刚开始一个新工作，对一切都还很生疏。
Gāng kāishǐ yí ge xīngōngzuò, duì yíqiè dōu hái hěn shēngshū.
Bei Aufnahme einer neuen Arbeitstätigkeit ist man mit allem noch nicht vertraut.

e. 很久没弹琴了，已经有点儿生疏了。
Hěn jiǔ méi tánqín le, yǐjīng yǒu diǎner shēngshū le.
Ich habe lange kein Klavier gespielt. Ich habe es schon ein wenig verlernt.

f. 孩子出国到了一个人地<u>生疏</u>的地方，父母十分担心。
Háizi chūguó dào le yí ge réndì <u>shēngshū</u> de dìfāng, fùmǔ shífēn dānxīn.
Die Eltern, deren Kinder ins Ausland an einen fremden und unvertrauten Ort gegangen sind, machen sich viele Sorgen.

Übung:

1. 兄弟姐妹离别多年，但感情却不 ______。
Xiōngdì jiěmèi líbié duōnián, dàn gǎnqíng què bù ______.

2. 妈妈告诉小明别跟 ______ 人讲话。
Māma gàosù Xiǎomíng bié gēn ______ rén jiǎnghuà.

3. 好久没练字了，笔都 ______ 了。
Hǎojiǔ méi liàn zì le, bǐ dōu ______ le.

16. fröhlich

舒畅	shūchàng	V. + Adj.	behaglich, froh, sorglos
痛快	tòngkuài	Adj.+ Adj.	fröhlich, heiter
愉快	yúkuài	Adj.+ Adj.	glücklich, heiter, gut gelaunt

舒畅	• große Erleichterung
痛快	• große Freude, nach Herzenslust
愉快	• gut gelaunt

舒畅 bezeichnet das Gefühl einer großen Erleichterung, die man nach der Befreiung aus einer anstrengenden, unangenehmen oder sorgenvollen Situation empfindet (Bsp. a – c).

痛快 stellt das Gefühl großer Freude dar (Bsp. d, e). Als Zusatz zu einem Handlungsverb ist 痛快 als „nach Herzenslust" oder „sehr viel Spaß haben" zu verstehen (Bsp. f, g).

愉快 bedeutet *glücklich* im Sinne von „gut gelaunt" (Bsp. h – j).

a. 春天一到，天气变暖，花儿也开了，令人十分舒畅。
Chūntiān yí dào, tiānqì biànuǎn, huār yě kāi le, lìng rén shífēn shūchàng.
Sobald der Frühling gekommen ist, wird das Wetter warm, die Blumen blühen und alle fühlen sich sehr wohl.

b. 在一天的工作压力之后，泡个热水澡让身心舒畅起来。
Zài yìtiān de gōngzuò yālì zhīhòu, pào ge rèshuǐzǎo ràng shēnxīn shūchàng qǐlái.
Nach einem stressigen Arbeitstag nehme ich ein heißes Bad, damit Körper und Geist sich entspannen.

c. 考完试，跟几好个朋友喝咖啡聊天心情舒畅极了！
Kǎowánshì, gēn jǐ ge hǎopéngyǒu hē kāfēi liáotiān xīnqíng shūchàng jí le!
Nach der Prüfung plaudere ich bei einem Kaffee mit einigen Freunden und fühle mich sehr wohl dabei.

d. 你有什么不痛快的事，说出来听听吧！
Nǐ yǒu shénme bú tòngkuài de shì, shuō chūlái tīngtīng ba!
Sag mir doch, was dich kränkt!

e. 老板今天找他麻烦，所以他心里不痛快.
Lǎobǎn jīntiān zhǎo tā máfán, suǒyǐ tā xīnlǐ bú tòngkuài.
Der Chef hat ihm heute Probleme gemacht, deshalb ist er unglücklich.

f. 功课做完了！孩子们可以玩个痛快了！
Gōngkè zuòwán le! Háizimen kěyǐ wán ge tòngkuài le!
Die Hausaufgaben sind fertig! Die Kinder können sich nun austoben.

g. 今晚要跟几个朋友去喝个痛快。
Jīnwǎn yào gēn jǐ ge péngyǒu qù hē ge tòngkuài.
Heute Abend will ich mit einigen Freunden schön einen heben gehen.

h. 最近你们之间发生了什么不愉快的事吗？
Zuìjìn nǐmen zhījiān fāshēngle shénme bù yúkuài de shì ma?
Gab es in letzter Zeit irgendeinen Ärger zwischen euch?

i. 老板夸奖了他，所以他带着愉快的心情离开了办公室。
Lǎobǎn kuājiǎngle tā, suǒyǐ tā dàizhē yúkuài de xīnqíng líkāile bàngòngshì.
Der Chef hat ihn gelobt, deswegen hat er mit guter Laune das Büro verlassen.

j. 今天和家人到郊区赏樱花，过了愉快的一天。
Jīntiān hé jiārén dào jiāoqū shǎng yīnghuā, guòle yúkuài de yìtiān.
Heute bin ich mit meiner Familie in den Vorort zum Bestaunen der Kirschblüte gegangen. Wir hatten einen herrlichen Tag.

Übung:

1. 你在中国的旅游 _____ 吗？
Nǐ zài zhōngguó de lǚyóu _______ ma?

2. 这钢琴音乐听了使人身心都 _____ 起来。
Zhè gāngqín yīnyuè tīngle shǐ rén shēnxīn dōu _______ qǐlái.

3. 她心情不好，打算跟几个朋友去吃个 _____。
Tā xīnqíng bù hǎo, dǎsuàn gēn jǐ ge péngyǒu qù chī ge _______.

17. gewöhnlich; üblich

平常	píngcháng	Adj. + Adj.	gewöhnlich, üblich
寻常	xúncháng	V. + Adj.	gewöhnlich, üblich, alltäglich

平常	• nichts Besonderes, normalerweise, im Allgemeinen
寻常	• ordentlich, richtig

平常 bedeutet *gewöhnlich* im Sinne von „nichts Besonderes", „normalerweise", „im Allgemeinen" (Bsp. a – c) und ist das Gegenteil von *selten* 罕见 (hǎnjiàn).
寻常 bedeutet ebenfalls *gewöhnlich*, allerdings im Sinne von „ordentlich", „richtig" (Bsp. d – f).
平常 und 寻常 sind nicht wechselseitig ersetzbar.

a. 像平常一样，我们今天在厨房吃早饭。
Xiàng píngcháng yíyàng, wǒmen jīntiān zài chúfáng chī zǎofàn.
Wie gewöhnlich frühstücken wir heute in der Küche.

b. 这儿平常就是这么安静。
Zhèr píngcháng jiù shì zhème ānjìng.
Hier ist es gewöhnlich immer so ruhig.

c. 这牛肉的售价是平常的2倍。
Zhè niúròu de shòujià shì píngcháng de liǎngbèi.
Der Verkaufspreis dieses Rindfleischs ist doppelt so hoch wie üblich.

d. 在苏格兰，男人穿裙子是很寻常的事。
Zài sūgélán, nánrén chuān qúnzi shì hěn xúncháng de shì.
In Schottland ist es normal, dass die Männer die Röcke tragen.

e. 今年冬天异乎寻常地冷。
Jīnnián dōngtiān yìhū xúncháng de lěng.
Dieser Winter ist außerordentlich kalt.

f. 生日时，他收到了一件很不寻常的礼物。
Shēngrì shí, tā shōudàole yí jiàn bù xúncháng de lǐwù.
Zum seinem Geburtstag hat er ein ungewöhnliches Geschenk erhalten.

Übung:

1. 那孩子有很不 ______ 的才艺。
Nà háizi yǒu hěn bù ______ de cáiyì.

2. 这不像他 ______ 会做的事情。
Zhè bú xiàng tā ______ huì zuò de shìqíng.

3. 你 ______ 几点钟起床？
Nǐ ______ jǐ diǎn zhōng qǐchuáng?

18. gleich

同一	tóngyíge	Adj. + Zahl	identisch, gleich
一样	yíyàng	Zahl + N.	gleich

同一 und 一样 bedeuten *gleich* und neben der Bedeutung *gleich* bedeutet 同一 auch *ein und derselbe* (Bsp. a, b).

Syntaktisch unterscheiden sich 同一 und 一样 wie folgt:

同一	+ ZEW	+ Substantiv (Bsp. a – c)
一样 + 的	+ Substantiv (Bsp. d – f)	

a. 你今天穿的裙子跟昨天穿的是同一件吗？
Nǐ jīntiān chuān de qúnzi gēn zuótiān chuān de shì tōngyí jiàn ma?
Hast du heute denselben Rock wie gestern an?

b. 照片里的人跟你真的是同一个吗？
Zhaòpiàn lǐ de rén gēn nǐ zhēnde shì tóngyí ge ma?
Bist du wirklich die Person auf dem Bild?

c. 他们是生活在不同一个世界里的夫妻。
Tāmen shì shēnghuó zài bù tóngyí ge shìjiè lǐ de fūqī.
Sie sind ein in verschiedenen Welten lebendes Ehepaar.

d. 你们今天怎么打了一样的领带呢？
Nǐmen jīntiān zěnme dǎle yíyàng de lǐngdài ne?
Wie kommt es, dass ihr heute die gleiche Krawatte tragt?

e. 这事儿不急，今天去办或者明天去办都一样。
Zhè shìer bù jí, jīntiān qù bàn huòzhě míngtiān qùbàn dōu yíyàng.
Die Angelegenheit ist nicht eilig. Es macht keinen Unterschied, ob du sie heute oder morgen erledigst.

f. 你说，他们俩是不是长得一样高？
Nǐ shuō, tāmen liǎ shì bú shì zhǎngde yíyàng gāo?
Sag mal, die beiden sind gleich groß, oder?

Übung:

1. 我和他有 _____ 的爱好。
Wǒ hé tā yǒu ______ de àihào.

2. 我们买了 _____ 本书。
Wǒmen mǎile ______ běnshū.

3. 咱们俩今天穿 _____ 的洋装。
Zánmen liǎ jīntiān chuān ______ de yángzhuāng.

19. glücklich

高兴	gāoxìng	Adj. + Subst.	froh, freudig, glücklich, heiter, munter
快乐	kuàilè	Adj. + Subst.	froh, glücklich, freudig

高兴	• dynamisch	• subjektiv, kurzzeitig
快乐	• statisch	• subjektiv oder objektiv, langzeitig

高兴 ist ein dynamisches Adjektiv und bezeichnet eine subjektive, kurzzeitige Empfindung (Bsp. a – d).

Hingegen ist 快乐 ein statisches Adjektiv und bezeichnet sowohl eine subjektive (Bsp. e, h) als auch objektive (Bsp. f, g) und langzeitige Empfindung. 快乐 und 高兴 sind nicht wechselseitig austauschbar.

快乐 kann zudem als Substantiv fungieren, 高兴 dagegen nicht.

a. 快把这个好消息告诉大家，让大家高兴高兴。
Kuài bǎ zhè ge hǎoxiāoxí gàosù dàjiā, ràng dàjiā gāoxìng gāoxìng.
Teile allen schnell diese gute Nachricht mit, damit sie sich freuen können.

b. 认识您我很高兴。
Rènshì nín wǒ hěn gāoxìng.
Ich freue mich, Sie kennen zu lernen.

c. 别高兴得太早，结果怎么样还不知道呢！
Bié gāoxìng de tài zǎo, jiéguǒ zěnmeyàng hái bù zhīdào ne!
Freue dich nicht zu früh! Wie das Ergebnis aussieht, wissen wir noch nicht!

d. 你不高兴看，就不要看了！
Nǐ bù gāoxìng kàn, jiù bú yào kàn le!
Schaue es dir nicht mehr an, wenn es dir nicht gefällt!

e. 家里兄弟姐妹多，所以我有个非常快乐的童年。
Jiālǐ xiōngdì jiěmèi duō, suǒyǐ wǒ yǒu ge fēicháng kuàilè de tóngnián.
Ich habe viele Geschwister in der Familie, daher hatte ich eine sehr glückliche Kindheit.

f. 金钱并不能使人真正<u>快乐</u>。
Jīnqián bìng bù néng shǐ rén zhēngzhèng <u>kuàilē</u>.
Geld kann nicht wirklich glücklich machen.

g. 能实现梦想是一件令人<u>快乐</u>的事。
Néng shíxiàn mèngxiǎng shì yí jiàn lìngrén <u>kuàilè</u> de shì.
Eigene Wunschträume verwirklichen zu können, ist eine erfreuliche Sache.

h. 他每天都带着<u>快乐</u>的心情去上班。
Tā měitiān dōu dàizhe <u>kuàilè</u> de xīnqíng qù shàngbān.
Er geht jeden Tag mit heiterer Stimmung zur Arbeit.

Übung:

1. 孩子们每天都 _____ 地去上学。
Háizimen měitiān dōu _______ de qù shàngxué.

2. 有健康的身体，才会有 _____ 的生活。
Yǒu jiànkāng de shēntǐ, cái huì yǒu _______ de shēnghuó.

3. 小华是一个又聪明又 _____ 的孩子。
Xiǎohuá shì yí ge yòu cōngmíng yòu _______ de háizi.

4. 今天是一个特别值得 _____ 的日子。
Jīntiān shì yí ge tèbié zhídé _______ de rìzi.

20. konzentriert

用心	yòngxīn	V. + N.	gewissenhaft, aufmerksam
专心	zhuānxīn	Adj.+ N.	konzentriert

用心	• verantwortungsbewusstes und einfühlsames Handeln
专心	• voll konzentriert

专心 bedeutet, etwas kognitiv voll konzentriert zu tun (Bsp. d – f).
用心 drückt dagegen ein verantwortungsbewusstes und einfühlsames Handeln aus (Bsp. a – c).

a. 每个家长都希望他们的孩子能用心学习。
Měi ge jiāzhǎng dōu xīwàng tāmen de háizi néng yòngxīn xuéxí.
Alle Eltern hoffen, dass ihre Kinder gewissenhaft lernen werden.

b. 舞台上演员们用心演出诠释这部作品。
Wǔtái shàng yǎnyuánmen yòngxīn yǎnchū quánshì zhè bù zuòpǐn.
Die Schauspieler auf der Bühne spielen und interpretieren das Werk sehr aufmerksam und einfühlsam.

c. 音乐是他的爱好，所以他用心欣赏每首曲子。
Yīnyuè shì tā de àihào, suǒyǐ tā yòngxın xīnshǎng měi shǒu qǔzi.
Die Musik ist seine Vorliebe, deshalb genießt er jedes Lied voller Aufmerksamkeit.

d. 听众们都非常专心地听着作家的讲演。
Tīngzhòngmen dōu fēicháng zhuānxīn de tīngzhe zuòjiā de jiǎngyǎn.
Die Zuhörer hören alle konzentriert der Rede des Schriftstellers zu.

e. 她专心地思考着如何解决这个难题。
Tā zhuānxīn de sīkǎozhe rúhé jiějué zhè ge nántí.
Sie denkt konzentriert darüber nach, wie sie das schwierige Problem lösen könnte.

f. 外面工地的噪音吵得教室里的学生无法<u>专心</u>考试。
Wàimiàn gōngdì de zàoyīn chǎo de jiāoshì lǐ de xuéshēng wúfǎ <u>zhuānxīn</u> kǎoshì.
Der Krach da draußen auf der Baustelle ist so laut, dass sich die Schüler im Klassenzimmer nicht auf die Prüfung konzentrieren können.

Übung:

1. 做事情不但要 ______，而且要 ______。
Zuò shìqíng búdàn yào ______, érqiě yào ______.

2. 他正 ______ 地看着报纸，别吵他！
Tā zhèng ______ de kànzhe bàozhǐ, bié chǎo tā!

3. 奶奶非常 ______ 照顾着小孙子。
Nǎinai fēicháng ______ zhàogùzhe xiǎosūnzi.

21. kostbar; wertvoll

贵重	guìzhòng	Adj. + Adj.	edel, kostbar, wertvoll
珍贵	zhēnguì	Adj. + Adj.	teuer, kostbar, wertvoll

贵重	• bei konkreten Substantiven
珍贵	• bei abstrakten Substantiven

贵重 bezeichnet *hochwertig* und ist nur für konkrete Substantive (Bsp. a – c) verwendbar.
珍贵 drückt *wertvoll* und *selten* aus und wird sowohl für konkrete (Bsp. f – h) als auch für abstrakte (Bsp. d, e) Substantive verwendet.

a. 你送我这么贵重的礼物，我怎么能收呢？
Nǐ sòng wǒ zhème guìzhòng de lǐwù, wǒ zěnme néng shōu ne?
Das Geschenk von dir ist so wertvoll. Wie kann ich es nur annehmen?

b. 在飞机上贵重的物品应该随身带着。
Zài fēijī shàng guìzhòng de wùpǐn yīnggāi suíshēn dàizhe.
Im Flugzeug soll man die wertvollen Sachen immer bei sich haben.

c. 一张破桌子，他却当黄金那样贵重。
Yī zhāng pò zhuōzi, tā què dāng huángjīn nàyàng guìzhòng.
Einen abgenutzten Tisch betrachtet er jedoch als so kostbar wie Gold.

d. 他们之间这几十年的友谊是非常珍贵的。
Tāmen zhījiān zhè jǐshínián de yǒuyì shì fēicháng zhēnguì de.
Ihre jahrzehntelange Freundschaft ist sehr kostbar.

e. 今日经历的美好事物，将成为明日珍贵的回忆。
Jīnrì jīnglì de měihǎo shìwù, jiāng chéngwéi míngrì zhēnguì de huíyì.
Die heute erlebten schönen Dinge sind morgen eine wertvolle Erinnerung.

f. 这个博物馆里保存了很多珍贵的文化遗迹。
Zhè ge bówùguǎn lǐ bǎocúnle hěn duō zhēnguì de wénhuà yíjī.
In diesem Museum sind viele kostbare Kulturdenkmäler aufbewahrt worden.

g. 生日时，她收到了一个<u>珍贵</u>的宝石礼物。
Shēngrì shí, tā shōudàole yí ge <u>zhēnguì</u> de bǎoshí lǐwù.
Zu ihrem Geburtstag hat sie einen teuren Edelstein als Geschenk bekommen.

h. 家人和好朋友是他生命中最<u>珍贵</u>的东西。
Jiārén hé péngyǒu shì tā shēngmìng zhōng zuì <u>zhēnguì</u> de dōngxī.
Seine Familie und seine Freunde sind für ihn das Kostbarste in seinem Leben.

Übung:

1. 这张 _____ 的老字画是爷爷留下来的。
Zhè zhāng _______ de lǎo zìhuà shì yéye liú xiàlái de.

2. 他把 _____ 的物品都存放在银行里。
Tā bǎ _______ de wùpǐn dōu cúnfàng zài yínháng lǐ.

3. 学问和经验都是非常 _____ 的东西。
Xuéwèn hé jīngyàn dōu shì fēicháng _______ de dōngxī.

22. kurzfristig

短期	duǎnqī	Adj. + Subst.	kurze Zeit, kurzfristig
临时	línshí	Adj. + Subst.	vorläufig, provisorisch, übergangsweise, im letzten Moment
暂时	zànshí	Adj. + Subst.	zeitweilig, vorübergehend, vorläufig

短期	• kurzfristig
临时	• im letzten Moment
暂时	• für einen kurzen Zeitraum

短期 ist das Gegenteil von *langfristig* 长期 (chángqī) und bezeichnet einen kurzen Zeitraum (Bsp. a – c).

临时 bezeichnet *im letzten Moment* und impliziert auch die Bedeutung von „inoffiziell" (Bsp. d – f). Es ist daher nicht durch 暂时 ersetzbar.

暂时 bedeutet grundlegend *in einer kurzen Zeit* (Bsp. g – i). In diesem Zusammenhang kann die Phase „在短期内" (Bsp. a) durch 暂时 ersetzt werden.

在短期内 = 暂时

a. 这项计划在短期内是不会更改的。
Zhè xiàng jìhuà zài duǎnqī nèi shì bú huì gēnggǎi de.
Diese Planung wird in der kurzen Zeit nicht geändert.

b. 很多家银行都提供民众短期贷款。
Hěn duō jiā yínháng dōu tígōng mínzhòng duǎnqī dàikuǎn.
Viele Banken bieten den Leuten kurzfristige Kredite an.

c. 许多国家都设有短期大学。
Xǔduō guójiā dōu shèyǒu duǎnqī dàxué.
In vielen Ländern sind Junior Colleges eingerichtet worden.

d. 他是我们公司的临时雇员。
Tā shì wǒmen gōngsī de <u>línshí</u> gùyuán.
Er ist als kurzfristig Beschäftigter in unserer Firma.

e. 部长临时举行记者招待会。
Bùzhǎn línshí jǔxíng jìzhě zhāodàihuì.
Der Minister veranstaltet kurzfristig einen Journalisten-Empfang.

f. 这个舞台是临时搭建的。
Zhè ge wǔtái shì línshí dājiàn de.
Diese Bühne ist nur übergangsweise aufgebaut.

g. 何经理不在公司的这段时间，林助理暂时代理他的职务。
Hé jīnglǐ bú zài gōngsī de zhè duàn shíjiān, Lín zhùlǐ zànshí dàilǐ tā de zhíwù.
In der Zeit, in der der Manager He nicht da ist, übernimmt sein Assistent Li vorläufig seine Aufgaben.

h. 既然在宾馆没订到房间，那就先暂时住在我们这儿吧！
Jìrán zài bīnguǎn méi dìngdào fángjiān, nà jiù xiān zànshí zhù zài wǒmen zhèr ba!
Da du kein Zimmer im Hotel bekommen hast, wohne doch vorübergehend bei uns!

i. 因为经济问题，她不得不暂时放弃她的留学梦想。
Yīwèi jīngjì wèntí, tā bùdébù zànshí fàngqì tā de liúxué mèngxiǎng.
Aus finanziellen Gründen muss sie ihren Traum eines Auslandsstudiums zeitweilig aufgeben.

Übung:

1. 很多村民在大城市里打 _____ 工。
Hěn duō cūnmíng zài dà chéngshì lǐ dǎ _______ gōng.

2. 因为钱的关系，他 _____ 不考虑出国旅游。
Yīnwèi qián de guānxì, tā _______ bù kǎolǜ chūguó lǚyóu.

3. 她只拿到了 _____ 的居留签证。
Tā zhǐ nádàole _______ de jūliú qiānzhèng.

4. 我 _____ 决定回老家看父母。
Wǒ _______ juédìng huí lǎojiā kàn fùmǔ.

23. leicht; mühelos

轻易	qīngyì	Adj. + Adj.	leicht, mühelos, leichtsinnig
容易	róngyì	Adj. + Adj.	leicht, mühelos

轻易	• abwertend, Menschen bzw. Lebewesen
容易	• Sachen oder Dinge

轻易 bedeutet *leicht*, *mühelos*, allerdings in einem abwertenden Unterton im Sinne von *leichtsinnig*. Im Gebrauch bezieht sich 轻易 immer auf einen Menschen bzw. ein Lebewesen (Bsp. a – d).

Im Gegensatz dazu bezieht sich 容易 immer auf Sachen oder Dinge (Bsp. e – g).

a. 他是个小心谨慎的人，所以不会轻易冒这个险。
Tā shì ge xiǎoxīn jǐnshèn de rén, suǒyǐ bú huì qīngyì mào zhè ge xiǎn.
Er ist ein vorsichtiger Mensch, deshalb wird er nicht leichtfertig ein Risiko eingehen.

b. 我们辛苦地准备了这次比赛，所以不能轻易就放弃。
Wǒmen xīnkǔde zhǔnbèile zhè cì bǐsài, suǒyǐ bù néng qīngyì jiù fàngqì.
Wir haben uns hart auf diesen Wettkampf vorbereitet, daher können wir nicht so einfach aufgeben.

c. 这里的品管非常严格，一点的错都不轻易放过。
Zhèlǐ de pǐnguǎn fēicháng yángé, yìdiǎn de cuò dōu bù qīngyì fàngguò.
Die Qualitätskontrolle hier ist sehr streng. Es wird nicht einmal der kleinste Fehler geduldet.

d. 你怎么能这么轻易相信陌生人？
Nǐ zěnme néng zhème qīngyì xìngxìn mòshēnrén?
Wie kannst du so leicht einem Fremden vertrauen?

e. 这次考试比上次的容易一点。
Zhècì kǎoshì bǐ shàngcì de róngyì yìdiǎn.
Diese Prüfung ist ein wenig leichter als die letzte.

f. 一个国家的风俗习惯是不<u>容易</u>改变的。
Yí ge guójiā de fēngsú xíguàn shì bù <u>róngyì</u> gǎibiàn de.
Die Sitten und Bräuche eines Landes verändern sich nicht so leicht.

g. 这片玻璃很薄，<u>容易</u>破。
Zhè piàn bōlí hěn bó, <u>róngyì</u> pò.
Das Glas ist sehr dünn und geht leicht kaputt.

Übung:

1. 李老师从来不 _____ 批评一个同学。
Lǐ lǎoshī cónglái bù ______ pīpíng yí ge tóngxué.

2. 这件衣服的质量不好, ______ 褪色。
Zhè jiàn yīfu de zhìliàng bù hǎo, ______ tuìsè.

3. 他不敢 _____ 发表意见。
Tā bù gǎn ______ fābiǎo yìjiàn.

24. schön; hübsch

美丽	měilì	Adj. + Adj.	schön, hübsch
漂亮	piàoliàng	Adj. + Adj.	schön, hübsch, gut aussehend

美丽	• Abstraktum, Menschen	• tiefgreifend
漂亮	• Menschen, Handlungen	• äußerlich

美丽 und 漂亮 bezeichnen beide *schön, hübsch*, werden aber unterschiedlich verwendet.

Mit 美丽 können Abstrakta wie z. B. die Seele, eine Stimmung oder die Natur beschrieben werden (Bsp. a, b), hingegen mit 漂亮 nicht.

Mit 漂亮 können eine gut gemachte Handlung (Bsp. e – i) oder die äußerliche Schönheit des Menschen (Bsp. d, e) beschrieben werden. Wird ein Mensch mit 美丽 beschrieben, ist der Ausdruck stärker und tiefgreifender (Bsp. c) als bei dem sich auf die reine äußerliche Erscheinung beziehenden 漂亮 (Bsp. d, e).

Weiterhin kann 漂亮 in Form der Reduplikation (漂漂亮亮) gebraucht werden (Bsp. f), diese Verwendung gibt es bei美丽 nicht.

a. 从这儿可以眺望整座城市美丽的夜景。
Cóng zhèr kěyǐ tiàowàng zhěngzuò chéngshì měilì de yèjǐng.
Von hier hat man nachts einen herrlichen Blick über die ganze Stadt.

b. 我们应该学习用美丽的心情看这个世界。
Wǒmen yīnggāi xuéxí yòng měilì de xīnqíng kàn zhè ge shìjiè.
Wir sollten lernen, die Welt von mit herrlicher Stimmung zu betrachten.

c. 这小姑娘真美丽！
Zhè xiǎo gūniang zhēn měilì!
Das kleine Mädchen ist wirklich hübsch!

d. 我认为她是我见过最漂亮的小妞。
Wǒ rènwéi tā shì wǒ jiànguò zuì piàoliàng de xiǎoniū.
Ich find, dass sie das hübscheste Mädchen ist, das ich je gesehen habe.

e. 这一套西装做得真漂亮！
Zhè yí tào xīzhuāng zuò de zhēn piàoliàng!
Der Anzug ist wirklich sehr schön gemacht!

f. 隔壁的谢大妈总喜欢把自己打扮得漂漂亮亮的。
Gébì de Xiè dàmā zǒng xǐhuān bǎ zìjǐ dǎbànde piàopiàoliàngliàng de.
Frau Xie von nebenan liebt es sich schön zu kleiden.

g. 他刚才那一球进得真漂亮！
Tā gāngcái nà yì qiú jìn de zhēn piàoliàng!
Sein Tor gerade eben war echt klasse!

h. 没想到你这件事能办得这么漂亮！
Méi xiǎngdào nǐ zhè jiàn shì néng bàn de zhème piàoliàng!
Dass du die Sache so ausgezeichnet gemeistert hast, habe ich nicht erwartet!

i. 这老外说一口漂亮的汉语。
Zhè lǎowài shuō yìkǒu piàoliàng de hànyǔ.
Der Ausländer sprach gerade perfekt Chinesisch.

Übung:

1. 这些西瓜又大又 ______。
Zhè xiē xīguā yòu dà yòu ______.

2. 爬上山后，可以看见 ______ 的风景。
Páshàng shān hòu, kěyǐ kànjiàn ______ de fēngjǐng.

3. 你家里整理得干净又 ______。
Nǐ jiālǐ zhěnglǐ de gānjìng yòu ______.

25. selten

罕见	hǎnjiàn	Adj. + V.	selten, ungewöhnlich
少见	shǎojiàn	Adj. + V.	selten

罕见	• nicht beeinflussbar
少见	• beeinflussbar

罕见 bedeutet *selten* im Sinne von „selten zu sehen“ oder „kaum vorkommend“ und bezieht sich auf nicht von Menschen kontrollierbare Sachverhalte wie z. B. Phänome, Krankheiten oder Wunder (Bsp. a – c).

少见 bedeutet *selten* im Sinne von „eine Seltenheit darstellen“ oder „keine Parallele habend“ und bezieht sich auf von Menschen Kontrollierbares wie z. B. Fähigkeiten (Bsp. d – g).

a. 日食是一种相当罕见的自然现象。
Rìshí shì yì zhǒng xiāngdāng hǎnjiàn de zìrán xiànxiàng.
Die Sonnenfinsternis ist ein sehr seltenes Naturphänomen.

b. 这孩子患的是一种十分罕见的疾病。
Zhè háizi huàn de shì yì zhǒng shífēn hǎnjiàn de jíbìng.
Das Kind leidet an einer sehr seltenen Krankheit.

c. 她的重病竟然在几天之内就复原了！真是罕见的奇迹。
Tā de zhòngbìng jìngrán zài jǐ tiān zhīnèi jiù fùyuán le! Zhēn shì hǎnjiàn de qíjī.
Sie hat überraschend binnen weniger Tage ihre schlimme Krankheit auskuriert! Das ist wirklich ein Wunder.

d. 像他那样多才多艺的人是很少见的。
Xiàng tā nà yàng duōcáiduōyì de rén shì hěn shǎojiàn de.
Einen so vielseitig talentierten Menschen wie ihn sieht man nur selten.

e. 现代人工作一周超过50小时并不少见。
Xiàndàirén gōngzuò yì zhōu chāoguò wǔshí xiǎoshí bìng bù shǎojiàn.
Über fünfzig Stunden in der Woche zu arbeiten ist für die Menschen heutzutage keine Seltenheit.

f. 传统式的大家庭现在已经比较少见了。
Chuántǒngshì de dàjiātíng xiànzài yǐjīng bǐjiào shǎojiàn le.
Traditionelle Großfamilien sind in der heutigen Zeit relativ selten.

g. 像他这样一个会十多种语言的人很少见。
Xiàng tā zhèyàng yí ge huì shí duō zhǒng yǔyán de rén hěn shǎojiàn.
Ein Mensch wie er, der über zehn Sprachen spricht, ist schwer zu finden.

Übung:

1. 这艄船的样子十分 _____。
Zhè shāo chuán de yàngzi shífen _____.

2. 邻居的阿姨患的是一种 _____ 的病。
Línjū de āyí huàn de shì yì zhǒng _____ de bìng.

3. 李秘书今天穿了一双很 _____ 的鞋。
Lǐ mìshū jīntiān chuānle yì shuāng hěn _____ de xié.

26. stark

强大	qiángdà	Adj. + Adj.	stark, mächtig, gewaltig
强盛	qiángshèng	Adj. + Adj.	mächtig und blühend

强大	• Kraft, Macht
强盛	• Wohlstand

强大 bedeutet *stark* im Sinne von „mächtig" und wird für Kraft oder Macht verwendet (Bsp. a – c).

强盛 bedeutet *stark* aber im Sinne von „florieren und Wohlstand haben" und wird in der Regel nur für die Beschreibung eines Landes gebraucht (Bsp. d, e).

a. 这颗大树强大的生命力，令人惊异。
Zhè ke dàshù qiángdà de shēngmìnglì, lìng rén jīngyì.
Die gewaltige Vitalität dieses Baumes ist verwunderlich.

b. 这个宗教组织的力量越来越强大了。
Zhè ge zōngjiào zǔzhī de lìliàng yuèláiyuè qiángdà le.
Der Kraft dieser religiösen Organisation wächst immer mehr.

c. 我们都应该做个内心强大的人。
Wǒmen dōu yīnggāi zuò ge nèixīn qiángdà de rén.
Wir sollten alle psychisch starke Menschen werden.

d. 唐朝和汉朝是中国历史上的强盛时期。
Tángcháo hé Hàncháo shì zhōngguó lìshǐ shàng de qiángshèng shíqí.
Die Tang- und Han-Dynastie sind die starken und blühenden Epochen der chinesischen Geschichte.

e. 一个国家是否强盛与其经济息息相关。
Yí ge guójiā shìfǒu qiángshèng yǔ qī jīngjì xíxí xiāngguān.
Die Macht eines Landes hängt eng mit den wirtschaftlichen Faktoren zusammen.

Übung:

1. ______ 的政府组织对一国家来说，是很重要的。
______ de zhèngfǔ zǔzhī duì yí guójiā láishuō, shì hěn zhòngyào de.

2. 有了 ______ 的国家，人民才会富起来。
Yǒule ______ de guójiā, rénmín cái huì fù qǐlái.

3. 这部机器功能 ______，但很难使用。
Zhè bù jīqì gōngnéng ______, dàn hěn nán shǐyòng.

27. vortrefflich

良好	liánghǎo	Adj. + Adj.	gut, vorzüglich, vortrefflich
优良	yōuliáng	Adj. + Adj.	sehr gut, fein, hochwertig
优秀	yōuxiù	Adj. + Adj.	ausgezeichnet, hervorragend, vorzüglich

良好	• Abstraktum	• Bildung, Eindruck, Situation, Benehmen
优良	• Abstraktum	• Leistung, Qualität, Kultur
优秀	• Menschen, künstlerisches Schaffen	

良好, 优良 und 优秀 drücken alle *sehr gut* aus, unterscheiden sich aber im Grad:

良好 < 优良 < 优秀

良好 und 优良 werden für die Bezeichnung eines Abstraktums gebraucht und in unterschiedlichen Situationen bzw. Bereichen verwendet:

良好 wird oft zur positiven Beschreibung von Bildung, eines Eindrucks, einer Situation oder des Benehmens verwendet (Bsp. a – e).

优良 kommt bei der Hervorhebung einer außergewöhnlichen Leistungin qualitativer oder kultureller Hinsicht zur Verwendung (Bsp. f – i).

Lediglich 优秀 bezieht sich auf den Menschen oder dessen Leistung wie künstlerisches Schaffen (Bsp. j – l).

a. 从他的谈吐就能知道他是个受过<u>良好</u>教育的人。
Cóng tā de tántǔ jiù néng zhīdào tā shì ge shòuguò <u>liánghǎo</u> jiàoyù de rén.
An seiner Ausdrucksweise kann man erkennen, dass er ein gebildeter Mensch ist.

b. 她优雅的举止给人留下了<u>良好</u>的印象。
Tā yōuyǎ de jǔzhǐ gěi rén liúxiàle <u>liánghǎo</u> de yìnxiàng.
Ihr anmutiges Benehmen hat bei den Leuten einen guten Eindruck hinterlassen.

c. 手术之后，外婆的健康情况恢复得良好。
Shǒushù zhīhòu, wàipó de jiànkāng zhuàngkuàng huifù de liánghǎo.
Nach der Operation hat sich der Gesundheitszustand der Großmutter deutlich verbessert.

d. 这是一只受过良好训练的狗。
Zhè shì yì zhī shòuguò liánghǎo xùnliàn de gǒu.
Das ist ein gut erzogener Hund.

e. 这家书店的售货员服务态度十分良好。
Zhè jiā shūdiàn de shòuhuòyuán fúwù tàidù shífēn liánghǎo.
Die Verkäufer dieser Buchhandlung sind äußerst zuvorkommend.

f. 这几款车的性能都很优良。
Zhè jǐ kuǎn chē de xìngnéng dōu hěn yōuliáng.
Die Leistung dieser Automodelle ist ausgezeichnet.

g. 他在班上是属于成绩优良的学生。
Tā zài bānshàng shì shǔyú chéngjī yōuliáng de xuéshēng.
In seiner Klasse zählt er zu den Schülern mit den besten Noten.

h. 这家工厂生产的家电用品大都质量优良。
Zhè jiā gōngchǎng shēngchǎn de jiādiàn yòngpǐn dàdōu zhíliàng yōuliáng.
Die von dieser Fabrik produzierten Haushaltsgeräte sind meist qualitativ sehr gut.

i. 优良的文化传统和习俗应该被良好的保存。
Yōuliáng de wénhuà chuántǒng hé xísú yīnggāi bèi liānghǎo de bǎocún.
Die besten kulturellen Traditionen und Bräuche sollten bewahrt werden.

j. 每班必须选出一位优秀的学生参加比赛。
Měi bān bìxū xǔnchū yí wèi yōuxiù de xuéshēng cānjiā bǐsài.
Jede Klasse muss einen geeigneten Schüler für die Teilnahme an dem Wettkampf auswählen.

k. 这是一部优秀的电影作品。
Zhè shì yí bù yōuxiù de diànyǐng zuòpǐn.
Das ist ein hervorragendes filmisches Werk.

I. <u>优秀</u>的作品将可获得奖牌一座。
<u>Yōuxiù</u> de zuòpǐn jiāng kě huòdé jiǎngpái yí zuò.
Die besten Werke werden mit einer Medaille gekrönt.

Übung:

1. 我们公司正在寻找 _____ 的人才。
   Wǒmen gōngsī zhèngzào xúnzhǎo ______ de réncái.
2. 这包茶叶上写着 _____ 品质四个字。
   Zhè bāo cháyè shàng xiězhe ______ pǐnzhí sì ge zì.
3. _____ 的生活习惯对健康很重要。
   ______ de shēnghuó xíguàn duì jiànkāng hěn zhòngyào.
4. 那家手机店提供 _____ 的售后服务。
   Nà jiā shǒujīdiàn tígōng ______ de shòuhòu fúwù.

28. warm

暖和	nuǎnhuó	Adj. + Adj.	warm, mild
温暖	wēnnuǎn	Adj. + Adj.	warm

暖和	• langfristiger Wetterzustand
温暖	• kurzfristiger Wetterzustand • körperliche, innerliche Gefühle

暖和 und 温暖 bezeichnen beide *warm*, wobei sich 暖和 auf einen langfristigen (Bsp. a, b), 温暖 hingegen auf einen kurzzeitigen Wetterzustand bezieht (Bsp. e).

Mit 温暖 können zudem sowohl körperliche als auch innerliche Gefühle zum Ausdruck gebracht werden (Bsp. d, f), dies gilt für 暖和 nicht.

Beide Ausdrücke können auch die Funktion eines Verbs übernehmen (Bsp. c, d, f).

a. 春天到了！天气也<u>暖和</u>起来了！
Chūntiān dào le! Tiānqì yě <u>nuǎnhuó</u> qǐlái le!
Der Frühling ist gekommen! Das Wetter ist auch wärmer geworden!

b. 香港的气候比北京<u>暖和</u>。
Xiānggǎng de qìhòu bǐ Běijīng <u>nuǎnhuó</u>.
Das Klima in Hongkong ist wärmer als in Peking.

c. 房里有暖炉，进来<u>暖和暖和</u>吧！
Fánglǐ yǒu nuǎnlú, jìnlái <u>nuǎnhuónuǎnhuó</u> ba!
Im Haus gibt es einen Ofen. Komm herein und wärme dich auf!

d. 虽是冬天，晒着太阳喝杯热咖啡全身也能渐渐<u>温暖</u>起来。
Suī shi dōngtiān,shàizhe tàiyáng hē bēi rèkāfēi quánshēn yě néng jiànjiàn <u>wēnnuǎn</u> qǐlái.
Obwohl es Winter ist, kann man sich aufwärmen, indem man in der Sonne sitzt und einen heißen Kaffee trinkt.

e. 今天天气比昨天温暖多了。
Jīntiān tiānqì bǐ zuótiān wēnnuǎn duō le.
Das heutige Wetter ist viel wärmer als das gestrige.

f. 朋友和亲人的关怀，温暖了遭受挫折的李京的心。
Péngyǒu hé qīnrén de guānhuái, wēnnuǎnle zāoshòu cuòzhé de Lǐjīng de xīn.
Dank der Fürsorge seiner Freunde und Verwandten konnte die Stimmung des des frustrierten Li Jing aufgeheitert werden.

Übung:

1. 朋友 ____ 的一句话让失望的他不再难过。
Péngyǒu ______ de yí jù huà ràng shīwàng de tā búzài nánguò.

2. 戴着这一顶羊毛帽子非常 _____。
Dàizhe zhè yì dǐng yángmáo màozi fēicháng ______.

3. 喝了一杯葡萄酒后，身体 _____ 多了。
Hēle yì bēi pútáojiǔ hòu, shēntǐ ______ duō le.

29. wunderschön

美好	měihǎo	Adj. + Adj.	wunderschön, glücklich
美妙	měimiào	Adj. + Adj.	wunderbar, herrlich, wunderschön

美好 • wunderschön
美妙 • geheimnisvoll und undurchschaubar
• Musik, Tanz, Natur

美好 und 美妙 bedeuten beide *wunderschön* (Bsp. a – d).

Bei der Beschreibung von Substantiven hebt 美妙 auch die Bedeutungen *geheimnisvoll* und *undurchschaubar* hervor (Bsp. f).

美妙 dient vor allem dazu, die Musik, den Tanz oder die Natur zu beschreiben (Bsp. e – g).

a. 每天早上上班前，吃一份好早餐，开始美好的一天。
Měitiān zǎoshàng shàngbān qián, chī yí fèn hǎozǎocān, kāishǐ měihǎo de yìtiān.
Jeden Morgen vor der Arbeit beginne ich mit einem guten Frühstück einen wunderschönen Tag.

b. 婚前她丈夫为两人的家庭描绘了一幅美好的远景。
Hūnqián zhàngfū wèi liǎngrén de jiātíng miáohuìle yì fú měihǎo de yuǎnjǐng.
Vor der Heirat beschrieb der Ehemann ihre gemeinsame Zukunft gegenüber den beiden Familien in den schönsten Farben.

c. 我们应该好好珍惜生活中美好的人、事、物。
Wǒmen yīnggāi hǎohǎo zhēnxí shēnghuó zhōng měihǎo de rén, shì, wù.
Wir sollten nette Menschen, angenehme Dinge und die schönen Seiten des Lebens wert schätzen.

d. 美好的时光总是过得特别快！
Měihǎo de shíguāng zǒngshì guòde tèbié kuài!
Die schöne Zeit vergeht immer sehr schnell!

e. 她的嗓音很好，唱起歌来美妙动人。
Tā de sǎngyīn hěnhǎo, chàngqǐ gē lái měimiào dòngrén.
Ihre Stimme ist sehr gut. Sie singt herrlich und bewegend.

f. 深海是个美妙的世界，充满了各式各样的鱼类和植物。
Shēnhǎi shì ge měimiào de shìjiè, chōngmǎnle gèshì-gèyàng de yúlèi hé zhíwù.
Die Tiefsee ist eine wunderschöne Welt, dort ist alles voller verschiedener Fische und Pflanzen.

g. 他美妙的舞姿吸引了无数观众的目光。
Tā měimiào de wǔzī xīyǐnle wúshù guānzhòng de mùguāng.
Sein wunderschöner Tanz zog die zahlreichen Blicke der Zuschauer auf sich.

Übung:

1. 故乡充满了我儿时 _____ 的回忆。
Gùxiāng chōngmǎnle wǒ érshí _____ de huíyì.

2. 这 _____ 的音乐声是从哪里传来的？
Zhè _____ de shēngyīn shì chóng nǎlǐ chuánlái de?

3. 妻子的称赞让丈夫一天都有着 _____ 的心情。
Qīzi de chēngzàn ràng zhàngfū yì tiān dōu yǒuzhe _____ de xīnqíng.

30. zufrieden

满意	mǎnyì	Adj. + Subst.	zufrieden, befriedigt
满足	mǎnzú	Adj. + Adj.	zufrieden, befriedigt

满意 • Erfüllung eines Wunsches oder der Erwartung

满足 • Empfindung der Genügsamkeit

满意 wird verwendet, wenn ein Wunsch oder eine Erwartung in Erfüllung gehen (Bsp. a – d).

满足 drückt die subjektive Empfindung bei der Bewertung des Verlaufs einer Sache oder eines Dings im Sinne von *zufrieden, befriedigt, etwas als ausreichend betrachten* aus (Bsp. e – h).

Hinsichtlich des Grades der Zufriedenheit ist 满意 stärker als 满足. Syntaktisch gesehen kann 满足 als Verb fungieren (Bsp. h), 满意 aber nicht.

a. 我对这次考试的成绩很满意。
Wǒ duì zhè cì kǎoshì de chéngjī hěn mǎnyì.
Ich bin sehr zufrieden mit der Note dieser Prüfung.

b. 拿到工资后，他满意地微笑。
Nádào gōngzī hòu, tā mǎnyì de wéixiào.
Nach dem Erhalt seines Gehalts lächelte er zufrieden.

c. 老板对会谈的结果表示满意。
Lǎobǎn duì huìtán de jiéguǒ biǎoshì mǎnyì.
Der Chef drückt seine Zufriedenheit mit dem Ergebnis des Gesprächs aus.

d. 我们对售货员亲切的服务感到满意。
Wǒmen duì shòuhuòyuán qīnqiè de fúwù tàidù gǎndài mǎnyì.
Wir sind mit dem freundlichen Service der Verkäuferin zufrieden.

e. 他是一个满足于现况的人。
Tā shì yí ge mǎnzú yú xiànkuàng de rén.
Er ist mit seinem aktuellen Zustand zufrieden.

f. 不论有多少的财富，她都不能感到满足。
Búlùn yǒu duōshǎo de cáifù, tā dōu bù néng gǎndào mǎnzú.
Egal wie viel Vermögen sie hat, sie ist nie zufrieden damit.

g. 只要付出的辛苦能得到回报，父母就满足了。
Zhǐyào fùchū de xīnkǔ néng dédào huíbào, fùmǔ jiù mǎnzú le.
Solange sich die Anstrengungen auszahlen, sind die Eltern damit zufrieden.

h. 希望我们的产品能满足您的要求。
Xīwàng wǒmen de chǎnpǐn néng mǎnzú nín de yāoqiú.
Hoffentlich können unsere Produkte Ihre Ansprüche befriedigen.

Übung:

1. 我很 _____ 今天晚会提供的节目。
Wǒ hěn _____ jīntiān wǎnhuì tígōng de jiémù.

2. 为了 _____ 虚荣心，她总是买名牌。
Wèile _____ xūróngxīn, tā zǒngshì mǎi míngpái.

3. 教练对他队员的表现相当 _____。
Jiàoliàn duì tā duìyuán de biǎoxiàn xiāngdāng _____.

Test II 测验II : (Test der Adjektive Lektion 1 – 30)

1. 昨晚的京剧表演 ______ 极了！
Zuówǎn de jīngjù biǎoyǎn ______ jí le!

2. 雨后的新鲜空气，令人感到 ______。
Yǔ hòu de xīnxiān kōngqì, lìng rén gǎndào ______.

3. 咱俩是搭 ______ 航班的飞机回上海的。
Zǎnliǎ shì dā ______ hángbān de fēijī huí Shànghǎi de.

4. 明天学校有考试，我必须 ______ 准备。
Míngtiān xuéxiào yǒu kǎoshì, wǒ bìxū ______ zhǔnbèi.

5. 好久没见了，今天能再见到你真 ______。
Hǎojiǔ méi jiàn le, jīntiān néng zài jiàndào nǐ zhēn ______.

6. 小红的爷爷是一位 ______ 的书法家。
Xiǎohóng de yéye shì yí wèi ______ de shūfǎjiā.

7. 搬了一天的家我觉得非常 ______。
Bānle yì tiān de jiā wǒ juéde fēicháng ______.

8. 这份工作虽然 ______， 但却很有意思。
Zhè fèn gōngzuò suīrán ______, dàn què hěn yǒuyìsī.

9. 这种植物的品种十分 ______。
Zhè zhǒng zhíwù de pǐnzhǒng shífēn ______.

10. 数学不是一门 ______ 的专业。
Shùxué bú shì yì mén ______ de zhuānyè.

11. 我看不 ______ 对面的牌子上写着什么。
Wǒ kàn bù ______ duìmiàn de páizi shàng xiězhe shénme.

12. 屋里 ______ 漆漆的，怎么不开灯呢？
Wū lǐ ______ qīqī de, zěnme bù kāidēng ne?

13. 跑完步后，淋个浴，我觉得全身都 ______ 了起来。
Pǎowán bù hòu, līn ge yù, wǒ juéde quánshēn dōu ______le qǐlái.

14. 她给大家演唱了一首 ______ 的歌。
Tā gěi dàjiā yǎnchàngle yì shǒu ______ de gē.

15. 大城市的交通比乡村的 ______ 很多。
Dà chéngshì de jiāotōng bǐ xiāngcūn de ______ hěn duō.

16. 他家就在大马路旁边，车子来来往往很 ______。
Tā jiā jiù zài dà mǎlù pángbiān, chēzi láiláiwǎngwǎng hěn ______.

17. 他们俩的爱情就像 ______ 的神话。
Tāmen liǎ de àiqíng jiù xiàng ______ de shénhuà.

18. 大家给灾民的帮助使他们感到 ______。
Dàjiā gěi zāimín de bāngzhù shǐ tāmen gǎndào ______.

19. 我很 ______，他在这么短的时间里就学会了弹奏这首曲子。
Wǒ hěn ______, tā zài zhème duǎn de shíjiān lǐ jiù xuéhuìle tánzòu zhè shǒu qǔzi.

20. 鱼儿在阳光下发出 ______ 的光芒。
Yú'er zài yángguāng xià fāchū ______ de guāngmáng.

Wortliste Verben 生词索引 动词

D.

E.

F.

G.

H.

J.

L.

M.

S.

T.

W.

X.

Y.

Wortliste Test I, S. 90

Wortliste Adjektive 生词索引 形容词

shōurù 收入 2
shǒushù 手术 27
shūchàng 舒畅 16
shūfú 舒服 1
shuǐchí 水池 8
shuìjiào 睡觉 1
shuǐzāi 水灾 7
shūshì 舒适 1
shǔyú 属于 27
sīkǎo 思考 20
sīwéi 思维 8
sūgélán 苏格兰 17
súhuà 俗话 9
suīrán 虽然 1
suíshēn 随身 21
suíshí 随时 6

T.

tàidù 态度 27
tǎng 躺 1
táng 糖 9
tángcháo 唐朝 26
tánhuà 谈话 6
tánqín 弹琴 15
tántǔ 谈吐 27
tào 套 24
tébié 特别 3
tèshū 特殊 7
tiānsè 天色 9
tiàorù 跳入 13
tiàowàng 眺望 24
tígāo 提高 7
tǐng 挺1
tīngbùchū 听不出 7
tòngkuài 痛快 16
tóngnián 童年 19
tōngxùnjìshù 通讯技术 6
tóngyī 同一 182
tóunǎo 头脑 8
tóuténg 头疼 1
túbiǎo 图表 8
tuìsè 褪色 23

W.

wàipó 外婆 27
wán 玩 16
wěidà 伟大 5
wéixiào 微笑 30
wénxuéjiā 文学家 5
wénzhāng 文章 8
wénzì 文字 8
wūnnuǎn 温暖 28
wùpǐn 物品 21
wúshù 无数 29
wǔtīng 舞厅 9
wǔzī 舞姿 29
wùzī 物资 10

X.

xiàndài 现代 12
xiāngdāng 相当 5
xiàngwǎng 向往 10
xiāngxià乡下 7
xiānlánsè 鲜蓝色 3
xiànxiàng 现象 25
xiào 笑 7
xiāochú 消除 12
xiǎodǎo 小岛 5
xiǎoniū 小妞 24
xiǎoqìguǐ 小气鬼 5
xiǎoshí 小时 12
xiǎoxīn 小心 23
xiàoyuán 校园 9
xiàtiān 夏天 5
xiàyǔ 下雨 9
xībānyá 西班牙 4
xiétiáo 协调 5
xīguā 西瓜 24
xíguàn 习惯 23
xīn 新 15
xìngnéng 性能 27

Y.

Z.

Wortliste Test II, S. 158

Lösungen zu den Übungen 练习解答

Verben 动词:

1. 1. 表示 biǎoshì, 2. 表示 biǎoshì, 3. 表达 biǎodá, 4. 表达 biǎodá
2. 1. 注意 zhùyì; 2. 留意 liúyì; 3. 留意 liúyì; 4. 注意 zhùyì
3. 1. 兴奋 xīngfèn; 2. 着急 zhāojí; 3. 着急 zhāojí; 4. 兴奋 xīngfèn
4. 1. 交换 jiāohuàn; 2. 交流 jiāoliú; 3. 交流 jiāoliú; 4. 交换 jiāohuàn
5. 1. 欣赏 xīnshǎng; 2. 观赏 guānshǎng; 3. 欣赏 xīnshǎng; 4. 观赏 guānshǎng
6. 1. 陪 péi; 2. 送 sòng; 3. 陪 péi
7. 1. 讲演 jiǎngyǎn; 2. 报告 bàogào; 3. 讲演 jiǎngyǎn
8. 1. 叫 jiào /点diǎn; 2. 订 dìng; 3. 订 dìng; 4. 叫 jiào
9. 1. 待 dāi; 2. 待 dāi; 3. 留 liú; 4. 待 dāi; 5. 留 liú
10. 1. 煎 jiān; 2. 炒 chǎo; 3. 烤 kǎo; 4. 炒 chǎo; 5. 烤 kǎo
11. 1. 带 dài; 2. 拿 ná; 3. 带 dài; 4. 拿 ná
12. 1. 觉得 juédé; 2. 想 xiǎng; 3. 想 xiǎng /觉得 juédé; 4. 觉得 juédé; 5. 想 xiǎng; 6. 想想 xiǎngxiǎng
13. 1. 收到 shōudào; 2. 收 shōu; 3. 收到 shōudào
14. 1. 拿到 nádào /得到 dédào; 2. 得到 dédào; 3. 收到 shōudào; 4. 收到 shōudào
15. 1. 发现 fāxiàn; 2. 发觉 fājué; 3. 找到 zhǎodào; 4. 发觉 fājué; 5. 发现 fāxiàn
16. 1. 帮助 bāngzhù; 2. 帮助 bāngzhù; 3. 帮忙 bāngmáng
17. 1. 令 líng /让ràng; 2. 让 ràng
18. 1. 吵 chǎo; 2. 闹 nào /吵 chǎo; 3. 吵 chǎo; 4. 吵 chǎo /闹 nào
19. 1. 称赞 chēngzàn; 2. 表扬 biǎoyáng; 3. 赞扬 zànyáng
20. 1. 以为 yǐwéi; 2. 认为 rènwéi; 3. 以为 yǐwéi; 4. 认为 rènwéi
21. 1. 记住 jìzhù; 2. 记 jì; 3. 记住 jìzhù; 5. 记 jì
22. 1. 被 bèi; 2. 被 bèi; 3. 让 ràng /被 bèi /叫 jiào; 4. 受 shòu; 5. 被 bèi /让 ràng /叫 jiào
23. 1. 讲 jiǎng; 2. 告诉 gàosù; 3. 谈 tán; 4. 讲 jiǎng; 5. 说 shuō
24. 1. 送 sòng; 2. 派 pài; 3. jì 寄，收 shōu; 4. 送 sòng
25. 1. 提 tí; 2. 搬 bān; 3. 扛 káng; 4. 提 tí

26. 1. 见面 jiànmiàn; 2. 聚会 jùhuì; 3. 见 jiàn，面 miàn; 4. 聚会 jùhuì
27. 1. 训练 xùnliàn; 2. 练习 liànxí
28. 1. 告别 gàobié; 2. 离别 líbié; 3. 告别 gàobié; 4. 告别 gàobié
29. 1. 改善 gǎishàn; 2. 改良 gǎiliáng; 3. 改善 gǎishàn; 4. 改良 gǎiliáng
30. 1. 损失 sǔnshī; 2. 丢失 duīshī, 3. 输 shī; 4. 失去 shīqù; 5. 损失 sǔnshī
31. 1. 集合 jíhé; 2. 集会 jíhuì
32. 1. 了解 liǎojiě，理解 lǐjiě; 2. 理解 lǐjiě; 3. 理解 lǐjiě; 4. 了解 liǎojiě
33. 1. 相信 xiāngxìn; 2. 信任 xìnrèn ; 3. 相信 xiāngxìn; 4. 信任 xìnrèn
34. 1. 演奏 yǎnzòu; 2. 演唱 yǎnchàng; 3. 演出 yǎnchū, 4. 演戏 yǎnxì
35. 1. 检查 jiǎnchá; 2. 调查 diàochá; 3. 检查 jiǎnchá; 4. 调查 diàochá

Adjektive 形容词:

1. 1. 舒服 shūfú; 2. 舒适 shūshì; 3. 舒服 shūfú; 4. 舒适 shūshì
2. 1. 辛苦 xīnkǔ; 2. 辛劳 xīnláo; 3. 辛苦 xīnkǔ
3. 1. 刺眼 cìyǎn; 2. 刺眼 cìyǎn; 3. 耀眼 yàoyǎn
4. 1. 精彩 jīngcǎi; 2. 精彩 jīngcǎi; 3. 出色 chūsè
5. 1. 著名 zhùmíng; 2. 有名 yǒumíng; 3. 有名 yǒumíng
6. 1. 便利 biànlì; 2. 便宜 piányí; 3. 方便 fāngbiàn
7. 1. 特别 tèbié; 2. 特殊 tèshū; 3. 特别 tèbié; 4. 特别 tèbié, 5. 特殊 tèshū
8. 1. 清楚 qīngchǔ; 2. 清晰 qīngxī; 3. 清楚 qīngchǔ
9. 1. 黑 hēi; 2. 暗 àn; 3. 黑 hēi
10. 1. 简单 jiǎndān; 2. 简朴 jiǎnpǔ; 4. 简单 jiǎndān
11. 1. 寂寞 jìmò; 2. 孤单 gūdān /一个人 yígerén; 3. 一个人 yígerén
12. 1. 疲惫 píbèi; 2. 疲劳 píláo; 3. 疲劳 píláo
13. 1. 惊讶 jīngyà; 2. 惊奇 jīngqí; 3. 惊异 jīngyì
14. 1. 坚固 jiāngù; 2. 结实 jiēshí; 3. 坚固 jiāngù
15. 1. 生疏 shēngshū; 2. 陌生 mòshēng; 3. 生疏 shēngshū
16. 1. 愉快 yúkuài; 2. 舒畅 shūchàng; 3. 痛快 tòngkuài
17. 1. 寻常 xúncháng; 2. 平常 píngcháng; 3. 平常 píngcháng
18. 1. 一样 yíyàng; 2. 同一 tóngyī; 3. 一样 yíyàng

19. 1. 高高兴兴 gāogāo xìngxìng; 2. 快乐 kuàilè 3. 快乐 kuàilè; 4. 高兴 gāoxìng

20. 1. 珍贵 zhēnguì; 2. 贵重 guìzhòng; 3. 珍贵 zhēnguì

21. 1. 专心 zhuānxīn，用心 yòngxīn; 2. 专心 zhuānxīn; 3. 用心 yòngxīn

22. 1. 临时 línshí; 2. 暂时 zhànshí; 3. 短期 duǎnqī; 4. 临时 línshí

23. 1. 轻易 qīngyì; 2. 容易 róngyì; 3. 轻易 qīngyì

24. 1. 漂亮 piàoliàng; 2. 美丽 měilì; 3. 漂亮 piàoliàng

25. 1. 少见 shǎojiàn 2. 罕见 hǎnjiàn; 3. 少见 shǎojiàn

26. 1. 强大 qiángdà; 2. 强盛 qiángshèng; 3. 强大 qiángdà

27. 1. 优秀 yōuxiù; 2. 优良 yōuliáng; 3. 良好 liánghǎo; 4. 优良 yōuliáng / 良好 liánghǎo

28. 1. 温暖 wēnnuǎn; 2. 温暖 wēnnuǎn; 3. 暖和 nuǎnhuó

29. 1. 美好 měihǎo; 2. 美妙 měimiào; 3. 美好 měihǎo

30. 1. 满意 mǎnyì; 2. 满足 mǎnzú; 3. 满意 mǎnyì

Lösungen zu den Tests 测验解答

Test I 测验:

1. 谈 tán; 2. 着急 zhāojí; 3. 收shōu; 4. 了解 liǎojiě; 5. 认为 rènwéi /相信 xiāngxìn; 6. 使 shǐ; 7. 以为 yǐwéi; 8. 觉得 juédé; 9. 送 sòng; 10. 待 dāi; 11. 陪 péi; 12. 理解 lǐjiě; 13. 称赞 chēngzàn /觉得 juédé; 14. 交换 jiāohuàn; 15. 集合 jíhé; 16. 欣赏 xīnshǎng; 17. 训练 xùnliàn; 18. 注意 zhùyì; 19. 演奏 yǎnzòu; 20. 告诉 gàosù; 21. 呆 dāi; 22. 点 diǎn; 23. 损失 sǔnshī; 24. 记住 jìzhù; 25. 收 shōu

Test II 测验:

1. 精彩 jīngcǎi; 2. 舒畅 shūchàng; 3. 同一 tóngyī; 4. 用心 yòngxīn /专心 zhuānxīn; 5. 高兴 gāoxìng; 6. 著名 zhùmíng; 7. 疲劳 píláo; 8. 辛苦 xīnkǔ; 9. 特殊 tèshū /罕见 hǎnjiàn; 10. 容易 róngyì; 11. 清楚 qīngchǔ; 12. 黑 hāi; 13. 舒畅 shūchàng; 14. 美妙 měimiào; 15. 便利 biànlì; 16. 吵 chǎo; 17. 美丽 měilì; 18. 温暖 wēnnuǎn; 19. 惊讶 jīngyà; 20. 耀眼 yàoyǎn

Autoreninfo

Dr. phil. Yueh-Ping (Denise) Yu wurde in Taiwan geboren. Sie studierte Germanistische Linguistik und Japanologie an der Humboldt-Universität in Berlin und promovierte dort im Fach Germanistische Linguistik. In ihrer wissenschaftlichen Tätigkeit nutzt sie die vielfältigen, in über achtzehn Jahren gewonnenen Erfahrungen bei der Vermittlung des Chinesischen als Fremdsprache. Sie ist zertifizierte Dozentin des Chinesischen Rates für Auslandsangelegenheiten (Overseas Community Affairs Council) der Republik China (Taiwan) und Gründungsmitglied der Chinesischen-Schule in Deutschland e. V. (CSD). Darüber hinaus besitzt sie die Zulassung des Bundesamtes für Migration und Flüchtlinge (BAMF) als Dozentin für Deutsch als Zweitsprache in Integrationskursen. Desweiteren ist sie als Übersetzerin tätig.

Firmenkurse: MAN Produkte & Services, BKA (Bundeskriminalamt), Germany Trade & Invest, Lear Corporation, Freie Universität Berlin, KaDeWe (Fendi) etc.

denise_yu2003@yahoo.de

Chinesisch. Lesen – Verstehen – Sprechen

Texte zur Geschichte und Kultur Chinas.
Grund- und Aufbauwortschatz

Von Monika Mey

8°. 162 S., 14 s/w-Abb.,
geb. mit 3 CDs, (978-3-89500-635-7)

Dieses Lehrbuch richtet sich an leicht fortgeschrittene Lernende der chinesischen Sprache und Wiedereinsteiger, die einen fundierten Zugang zum Chinesischen suchen. Durch kurze Texte zu verschiedenen Themen erhalten die Leser gleich beim Lernen einen Einblick in verschiedene Aspekte der chinesischen Geschichte und Kultur und erweitern so nicht nur ihre Sprachkenntnisse. Der Grund- und Aufbauwortschatz umfasst ca. 2.000 Vokabeln. Diese stehen direkt unterhalb der Texte, die sich daher auch Lesern mit geringen Vokabelkenntnissen ohne Wörterbuch leicht erschließen. Alle Lektionen und Vokabeln werden auf drei Audio-CDs abwechselnd von der Autorin und einem Muttersprachler gelesen und erleichtern das selbstständige Lernen und Üben durch wiederholtes Hören und Nachsprechen.

Han yu rumen

Einführung in die chinesische Sprache

Von Nadja Banholzer

8°. 176 S., br., 40 s/w-Abb., (978-3-88226-874-4)

Das vorliegende Lehrbuch ist für den Anfängerunterricht gedacht. Nach einer Einführung in die Phonetik und Übersichten über die Sprachgeschichte und die Geschichte der chinesischen Schrift bietet der Hauptteil des Bandes Texte, Vokabeln, kurze grammatische Erläuterungen und Übungen. Die Texte sollen den Lernenden dazu bringen, sich in Alltagssituationen zurechtzufinden und leichte chinesische Texte lesen und verstehen zu können. Auf den Lektionenteil folgen Übungsstücke und typisch chinesische Fabeln. Dabei wird der Lerner auch an die Benutzung von Woörterbüchern herangeführt. Zum Einüben der Schrift werden Schreibregeln erläutert und Schreibübungen angeboten. Eine Liste der Radikale und ein alphabetisches chinesisch-deutsches Vokabelverzeichnis finden sich am Ende des Lehrbuchs. Durch die begleitende Sprachkassette eignet sich der Kurs auch gut zum Selbststudium.

Chinesisch-Deutsches Lernwörterbuch Substantive
Substantive und Wortkombinationen
aus Wirtschaft, Politik, Gesellschaft und Kultur

Von Monika Mey

8°. 396 S., geb., (978-3-89500-771-2)

Das „Chinesisch-Deutsche Lernwörterbuch Substantive“ eignet sich sowohl für Anfänger als auch für Fortgeschrittene. Es ist als begleitendes Lehrbuch zu allen Lehrwerken konzipiert und dadurch vielseitig und universell einsetzbar. Schwerpunkt bilden 1.500 Substantive aus allen Bereichen des Alltags. Diese und die 3.500 häufig vorkommenden Wortkombinationen helfen, einen leistungsstarken und praxisnahen Wortschatz aufzubauen und richtig anzuwenden. Das Lernwörterbuch basiert auf dem in den Medien üblichen Wortschatz zu Themen wie Politik, Wirtschaft, Gesellschaft und Kultur, und berücksichtigt daneben die Bereiche Technik, Sport und Gesundheit. Dabei konzentriert es sich auf die moderne chinesische Umgangs- bzw. Alltagssprache mit ihren Trendvokabeln, enthält in geringem Umfang aber auch Straßensprache.

Das Erfolgsprogramm für das schnelle und leichte Chinesischlernen lautet:
1. Lernen Sie Wörter und ihre Kombinationen so, wie sie häufig verwendet werden!
2. Lernen Sie, Wörter in der richtigen Reihenfolge einzusetzen!

Chinesisch-Deutsches Lernwörterbuch Verben
1500 Verben in 3500 Wortkombinationen
aus Wirtschaft, Politik, Gesellschaft und Kultur

Von Monika Mey

8°. 240 S., geb., (978-3-89500-636-4)

Malkurs Chinesische Blumenmalerei

Von Lili Yuan

2014. 8°. 96 S., über 200 Farbabbildungen, geb., (978-3-95490-014-5)

Die Kunst der chinesischen Malerei, die auf einer über fünftausendjährigen Tradition chinesischer Philosophie und Denkweise basiert, ist einzigartig. Man kann mit Fug und Recht behaupten, dass sie mit zu den wertvollsten Schätzen der Weltkultur gehört. Chinesische Malerei strebt nach einer Natürlichkeit, Stille und Gelassenheit, die auf den Ursprung des Daoismus zurückzuführen ist. Das Wesen der Malerei wurde am gründlichsten durch die Philosophie des Laozi und des Zhuangzi beeinflusst. Die einleitend dargelegte künstlerische Gedankenwelt reflektiert die Seele der Lao-Zhuang-Philosophie. Sie ist gekennzeichnet durch eine enge Verbundenheit von Mensch und Natur, durch Offenheit, Toleranz und Ruhe gegenüber der Außenwelt und durch ihre Natürlichkeit. Diese Philosophie ist die geistige Quelle, aus der die chinesischen Maler zu allen Zeiten schöpften. Die in Shanghai geborene Künstlerin und Autorin diese Buches, Lili Yuan, leitet seit achtzehn Jahren zahlreiche Malkurse der chinesischen Tuschemalerei in Deutschland und wurde in China mehrfach ausgezeichnet. Durch dieses Buch möchte Sie ihre Erfahrungen der Blumenmalerei teilen und weitergeben. Insgesamt werden 20 Blumenmotive im Stil der feinen Xieyi-Malerei behandelt. Der Malprozess eines jeden Blumenmotivs steht dabei im Mittelpunkt und wird anhand von über zweihundert farbigen Abbildungen mit kurzen Textbeschreibungen erläutert. Dabei ist die Pinselführung Schritt für Schritt zu erkennen. Darunter befinden sich klassische Motive wie Pflaumenblüten, Orchideen, Bambus und Chrysanthemen, aber auch Motive, welche in der chinesischen Malerei üblicherweise nicht vorkommen, wie Rosen, Mohn, Iris und Weihnachtssterne.

Eine Reise in die Berge und ans Wasser · Chinesische Malerei und Gedichte der klassischen Zeit

Tuschmalerei von Lili Yuan
und Übersetzungen von Michael von Poser

2010. 8°. 64 S., geb., (978-3-89500-750-7)

Die Tuschmalerei von Lili Yuan lässt großartige, mystisch überhauchte Landschaften entstehen. Sie knüpft dabei an eine lange Tradition an, die der chinesischen Literaten-Maler. Hier wird eine Natur gezeigt, die man nicht beherrscht und malträtiert, sondern in die man sich einfügt. Das ist im Sinn eines daostischen Denkens, das mit dem westlichen Fortschrittsglauben im Widerspruch steht. Den Bildern des Buches ist jeweils ein Landschaftsgedicht hauptsächlich der klassischen Zeit gegenübergestellt, die Linien der Malerei verbinden sich mit den Schriftzügen der Poesie. Der Pinselstrich kreiert den fliegenden Vogelschwarm im Bild ebenso wie die erklärende Aufschrift dazu. Seine Übersetzung der Gedichte hat Michael von Poser ergänzt durch einen Essay über die jahrtausendalte Existenzform des chinesischen Einsiedlers. In ihr manifestiert sich die Idee einer innerweltlichen Erlösung und des Verschmelzens mit der Natur, wie es neben vielen anderen die wohlbekannten Verse von Jia Dao mit dem Titel „Vergebliche Suche nach einem Einsiedler“ aussprechen:

Unter den Föhren frage ich den Jungen.
Der Meister sei zum Kräutersammeln fort,
in jenen Bergen, wo die Wolken hängen,
müsse er sein, er wisse nicht den Ort.